お雇い外国人

明治日本の脇役たち

梅溪　昇

講談社学術文庫

まえがき

日本は東アジアのはずれに位置する島国として、古い時代から世界の文化の進みに、少しずつ遅れる運命にあったが、そうした歴史地理的に恵まれない条件にかかわらず、たえず日本民族の文化的エネルギーは積極的に先進文化を取り入れ、これを消化して先進国に劣らぬ日本の文化を形成してきた。近世の鎖国の時期においても、全く国を鎖《とざ》して冬眠していたのではなく、中国のほかに、オランダという当時ヨーロッパで最も文化の盛んだった国と貿易し、その文化を受け入れていたことを忘れてはならないのである。このように日本史を通じてみられる外国文化の受け入れにさいして、来日した外国人が寄与したところが大きかった。

われわれは、古代では阿直岐《あちき》とか王仁《わに》、あるいは鑑真《がんじん》、中世に入って無学祖元《むがくそげん》、近世ではアダムス、ケンペル、シーボルトなどの人々を思い起こすだけで十分であろう。とりわけ幕末期に日本が開国に踏み切って、近代欧米文化を受け入れようとしたさいにおける外国人の寄与は実に多大であった。しかもこれら幕末から明治にかけて来日した外国人はきわめて多数にのぼり、かつその中には、伝道のために派遣されてきた宣教師もかなり多かったが、その大多数が幕府、明治新政府などによって欧米諸国から招聘《しょうへい》され、雇用されたいわゆる「お雇《やと》い外国人」であったところに、前代に見られない特殊な歴史的性格をもっている。この多数にのぼる「お雇い外国人」が多方面に活動して、近代国家としての明治日本の建設を援助したのである。

したがって、あとわずかでその成立一〇〇年を迎える「明治維新」や、それを契機とする「日本の近代化」を再検討し、考え直してみようとする場合には、どうしても「お雇い外国人」の業績や役割を知る必要がある。いいかえると、われわれは「お雇い外国人」という歴史的な存在を通じて「明治維新」なり「日本の近代化」というものの重要な性格の一面を知ることができるのである。

このような意味あいから、私はこの書物では、「お雇い外国人」が「明治日本の建設」ないし「日本の近代化」に対してどのように寄与したかを明らかにし、その歴史的意義を考えることを主眼とした。そのために各分野ごとに大きな役割を果たした幾人かを取り上げたが、その人選については多少の異論も出るかと思う。役割について甲乙をつける評価の基準はなかなかむずかしく、私自身も選択に苦しんだ分野もあるが、その場合は比較的に文献・資料が豊富で興味のある話題を提供できる人物を選んだ。

興味のある話題といえば、その人の伝記の中に無限に埋もれているものである。「お雇い外国人」についても、かれがどんな環境で生まれ、どのような教育を受け、どのような契機で日本へ来るようになったか、また日本で与えられた仕事以外にどんなことをしたか、また生活の仕方はどんなであったかなどを知ると、異国において時には迫害の危険にさらされたり、あるいはやるせない思いに耐えながら日本に尽くしたかれらに、言いしれない愛着と同情の感もわく。そしてまたかれらが示した生活態度や日本に関する発言などの中には、日本人の心を今でも打つものがある。

このような点からいえば、できるだけ多くの「お雇い外国人」を取り上げて、各人の伝記を詳しく書くのも方法の一つであるが、それでは「お雇い外国人」についての全体的な歴史像が失われるように思えたので、さきに述べたようなところに主眼をおいた。しかし今のような点も考慮に入れて、できるだけ伝記的叙述を加味することにつとめ、補説的な一章をとくに挿入して「お雇い外国人」の生活の周辺にあるあれこれを取り上げて、そのイメージをなるべく明らかにしようと試みた。しかし、なにぶんにも力足らず、紙数の制約もあって意に満たないところが多いものとなった。

本書は日本経済新聞社出版局の方々の企画にもとづき、同出版局の小出鐸男氏の巧みな勧奨によって成立したものであるが、私が同氏の申し出を受け入れた動機には「はじめに」で書いたように、グリフィスの学問的遺産から受けた強い感動が働いていた。今日なお、「お雇い外国人」にして忘れられ、埋もれているものはきわめて多く、とくに地方で活動したものの調査研究は一段と遅れている。この小著が機縁となって、読者がこの問題に関心をもたれ、直接間接にこの方面の研究の進展にご協力していただければ望外の喜びである。

本書は（注）にあげた参考文献やその他の諸資料によるところが多く、これらに関係ある先学および知友の学恩に負うところが大きい。記して感謝する次第である。また刊行までにずいぶんご迷惑をおかけした出版局の清水保三、小出鐸男、大澤三好の各氏に厚く謝意を表したい。

最後に私事ながら、私の渡米中に幾度となく私の身を案じて便りをよせながら、一昨年私の帰国後間もなく不帰の客となった母の霊前にこの小著を捧げて刊行の記念としたいのである。

一九六五年六月

梅溪　昇

目次

第二章　功績を残した人びと

お雇い外国人

明治日本の脇役たち

はじめに――グリフィス文庫をたずねて

グリフィス文庫の誕生

私は滞米中、二度にわたってニュージャージー州のニューブランズウィックにおもむいて、ラリタン河畔に一七六六年以来の古い歴史と美しいキャンパスをもつラトガーズ大学（Rutgers The State University）を訪れた。これは同大学図書館所蔵のグリフィス文庫（The William Elliot Griffis Collection）を見せてもらうためであった。副学長のダグヴィッド・D・デンカー博士や図書館事務長のシンクレアー氏ら館員諸氏が、旧知の政治学部長アーダス・W・バークス博士らとともに十分な便宜を図ってくださったので、なんの気がねもなく自由に見せてもらうことができて非常に幸いであった。

グリフィス（一八四三―一九二八）は、一八七〇年（明治三）越前の福井藩の招きによってアメリカから来日して同藩の教育に当たり、ついで七二年から七四年帰国するまで明治新政府に雇われて、東京大学の前身である南校で理学、化学などを教えた。このようにかれは、明治日本の黎明期《れいめいき》における「お雇い外国人」、とくに教壇に立った「お雇い教師」の一人であった。さらに帰国後、その生涯を閉じるまでの五十余年間、日本研究の第一人者として、著述に講演にその他に、多彩で精力的な活動を続け、アメリカにおける日本への関心、認識を深めるうえで大きな貢献をした。かれがフロリダ州のウインター・パークで亡くなった翌年の一九二九年（昭和四）、その遺志によってかれの蔵書、未刊草稿、メモおよび切り抜き類はあげて母校のラトガーズ大学の図書館へ寄贈され、今日に至っているのである。

グリフィスと二人の日本人留学生

グリフィスはペンシルバニヤ州フィラデルフィヤの生まれで、少年のころデラウェア河に臨む兄の所有する石炭波止場に立って一隻《せき》の軍艦が進水するのを見たのである(1)。この軍艦がサスクェハナ号で、のちにペリーの日本遠征艦隊の旗艦となり、浦賀に来航して日本開国の第一ページを飾った。波止場に立った当時のグリフィス少年にとって、この一体験がやがて自分の生涯を日本の開国文化の建設へと方向づけ、運命づけた象徴的な出来事になろうとは夢にも思わなかったことであろう。

一八六五年、ラトガーズ・カレッジに入学した青年グリフィスは、その翌年（慶応

ラトガーズ大学のクイーンズ・キャンパス（筆者撮影）

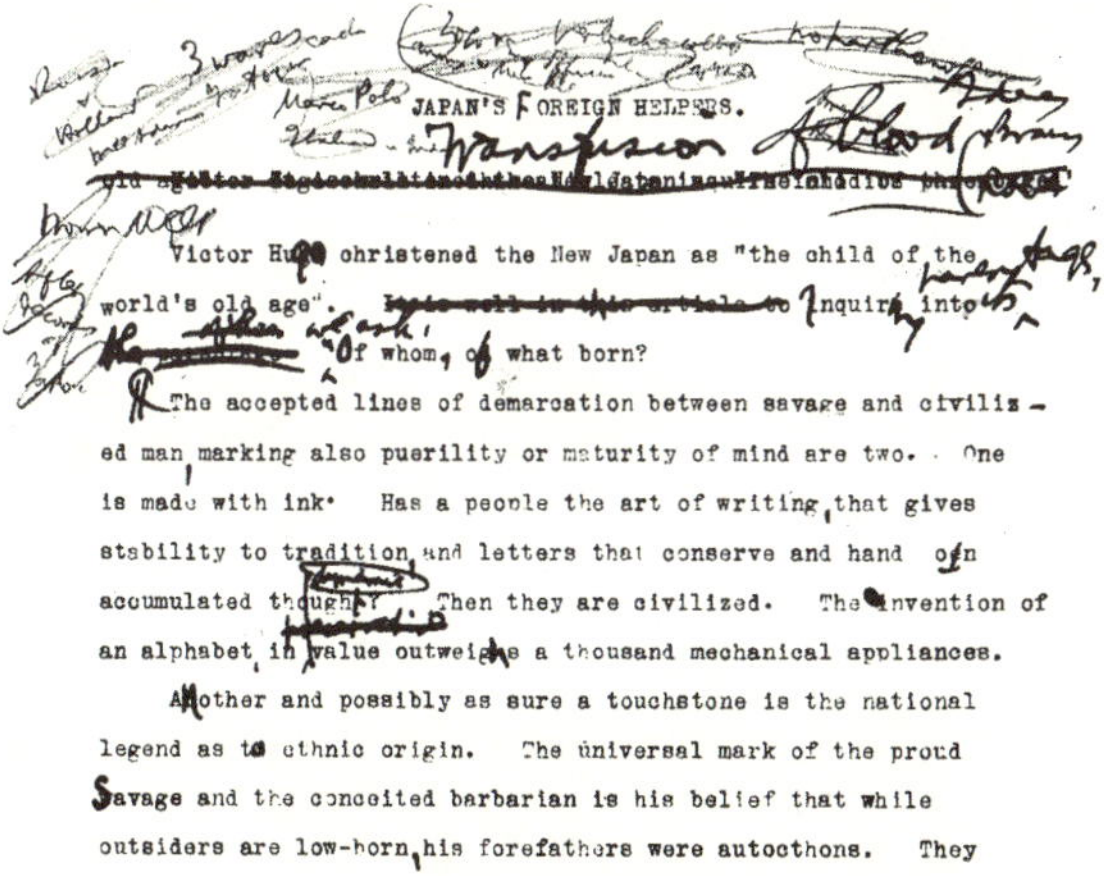

JAPAN'S FOREIGN HELPERS.

Victor Hugo christened the New Japan as "the child of the world's old age". Inquiry into Of whom, of what born?

The accepted lines of demarcation between savage and civilized man, marking also puerility or maturity of mind are two. One is made with ink. Has a people the art of writing, that gives stability to tradition, and letters that conserve and hand on accumulated thought? Then they are civilized. The invention of an alphabet, in value outweighs a thousand mechanical appliances.

Another and possibly as sure a touchstone is the national legend as to ethnic origin. The universal mark of the proud Savage and the conceited barbarian is his belief that while outsiders are low-born, his forefathers were autocthons. They

グリフィスの草稿（一部）

二）日本から来た最初のアメリカ留学生二人とそこで知り合い、かれらを案内して各地を回ったことがあった。これら両人は、ともに幕末熊本藩の開明的な政論家である横井小楠《しょうなん》の甥《おい》であった。小楠は自分が長崎で師事したアメリカの宣教師フルベッキ（Verbeck かれについてはのちに述べる）に、この二人のアメリカ行きを頼んだ。そこでフルベッキは、自分の所属するアメリカにおける改革派教会の伝道局にいるジョン・M・フェリスに二人を紹介した。そのフェリスがかれらの勉学の地として当時アメリカにおける教育の中心地であったニューブランズウィックを選んだので、小楠の甥たち二人はラトガーズにやって来たのである。ところが明治になって、福井藩から「お雇い教師」の招聘《しょうへい》申し込みのことがフルベッキを通じてフェリスおよびラトガーズ・カレッジ当局に伝えられた。そしてたまたま一八六九年（明治二）の卒業生のなかからグリフィスが選ばれ、七〇年の末に来日することになったのである。(2)

もっともその当時においては、日本のような狂暴きわまる国へ行くのは、アフリカの奥地か永遠に氷に閉ざされた地方へわざわざ危険を冒《おか》して行くようなもののように一般に思われていた。また保険会社もよほど高額の保険料を掛けなければ、日本で生活する者とは保険契約を結んでくれないことがわかったから、かれも一時断わったのである。ところが、フェリスがあまりにも熱心に希望したためについに引き受けたも

グリフィス夫妻　明治初年、福井藩の招きでお雇い教師を務めたアメリカ人グリフィスは、1927年（昭和２）４月、福井市に招かれ50年ぶりに同市を訪れた。グリフィス夫妻は、福井市が市内の料亭五岳楼で開いた歓迎会に出席し、一夕を楽しんだが、写真はこの時、福井市長から贈られた和服を着用して撮ったもの。　（福井市立郷土歴史館蔵）

のであった。(3)

そこには、かれが日本人留学生との出合いを通じて得た日本への関心が少なからず作用しているものと見てよいであろう。そしてかれが世話をした二人の留学生の叔父がたまたま横井小楠であり、その小楠がかつて幕末福井藩に招聘されたことがあるために、それ以来、同藩とは深い関係にあったことを考え合わすと、かれが福井藩に招かれたことも奇しき因縁であるといえよう。

晩秋の一日、落葉したキャンパスを歩きながら、こうしたグリフィスの生涯を通じて、明治日本とラトガーズとの史縁を回想したことを、私はつい昨日のように思い出すのである。このラトガーズと日本との間の人的交流がきわめて密接で、いかに多数のラトガーズの出身者らが明治から大正にかけて近代日本の文化、宗教のうえで大きな足跡をのこしたか。またその反面、幕末以来かなりの数にのぼる日本人学生がラトガーズに学んで、その後、各方面に活動した諸事実については、グリフィスの『日本におけるラトガーズ卒業生』(4)や、『ラトガーズ・カレッジ史』(5)に詳しく述べられている。本書で述べることができる「お雇い外国人」はごく少数であるが、それでも読者は以下の叙述中にラトガーズとゆかりの深い誰かに出合われることであろう。

TO THE YATOI

(FOREIGNERS IN THE SERVICE OF THE JAPANESE GOVERNMENT)
1858-1900
OR THEIR CHILDREN, RELATIVES OR FRIENDS.

The undersigned; one of the **Yatoi** in Japan (1870-1874) would make a record of the services of those men and women from Western Countries, who, between the years 1858 and 1900, assisted the Japanese in Education in Civil, Mechanical, Mining or Electrical Engineering, in Finance, in Railway, Telegraph, Ship or Factory Construction, in the Naval or Military, Medical, Surgical, or Hygienic Sciences or Arts, or in any line of mental discipline, social improvement, commercial enterprise or phase of civilization. He respectfully seeks imformation as to their personality, accomplishments, previous record and preparation, services in Japan, and asks for an outline of their life and work. For the sake of accuracy and true history, let modesty give place to truth, and please answer if possible, as **fully** as may be desireable, the following questions. Send photograph also, if agreeable, and any available printed matter.

1. Date of Birth. 2. Education. 3. How appointed to Japan. 4. Date of Arrival and Departure from Japan. 5. Services to the Japanese. 6. Subsequent record and career, in outline. 7. Date of Decease, if not living. 8. Personal details as to wife and children. 9. Information as to other Yatoi.

The night cometh, and the living should be prompt to make record. Please Address :-

WILLIAM ELLIOT GRIFFIS, D.D., L.H.D.
(AUTHOR OF "THE MIKADO'S EMPIRE", "THE RELIGIONS OF JAPAN", ETC.)
ITHACA, N. Y., U. S. A.

お雇い外国人に関する調査依頼の郵便葉書

グリフィス文庫の内容

グリフィス文庫の内容は、グリフィス自身の多方面にわたる関心から、日本を中心として朝鮮・中国の政治、経済、文化、宗教などに広くわたっているが、私がとくに念入りに見せてもらったのは、〝YATOI〟(お雇い外国人)関係の資料を収めるファイル・ケースの第八―第一〇番であった。そして私の印象深い思い出は、その中からグリフィスが一九〇一年(明治三四)ごろ、各国に発送した「お雇い外国人」に関する調査依頼の郵便葉書の残部を見つけたことであった。私はとくに頼んでその中の一枚を譲り受けた。その文面には次のように記されている。

「一八五八年から一九〇〇年に至る間、日本政府に奉仕した〝ＹＡＴＯＩ〟またはその子孫、親戚、友人たちへ。

下記のことをお願いします。一八七〇年から一八七四年に至る間、日本のお雇い外国人の一員でありました私は、欧米諸国からのこれらお雇い外国人らの諸事績を記録したいと考えています。一八五八年から一九〇〇年までの間に、これらの人々は、教育に、土木、機械、鉱山あるいは電気技術に、財政に、また鉄道、電信、造船、工場建設に、海軍ないし陸軍に、医学および外科・衛生学に、あるいは美術、ないし一連の精神的修養、社会上の改良、商業経営、文化面において日本人を援助しました。私はこれらの人々の個性、たしなみ、来日前の記録と準備、日本での事績についての報知、およびその生涯と業績とについての概略を得たいと心から望んでいます。正確な真実の歴史を目ざしていますので、どうか謙虚に真実を披瀝《ひれき》していただいて、できれば次の質問のすべてにわたってお答え下されば幸甚です。またもし事情が許せば、写真、印刷刊行物をもお送り下さい。
1、生年月日　2、教育　3、日本に雇用された事情　4、来日および離日の日付　5、日本人への奉仕　6、以後の記録と経歴の概略　7、現存しない場合は死亡の日付け　8、妻、子孫に関する明細　9、他のお雇い外国人についての報知夜が来る。だから生き残っている者は、早く記録を作っておくべきです。

宛先《あてさき》――神学・文学博士ウイリアム・エリオット・グリフィス（『皇国』『日本の宗教』などの著者）

イタカ、ニューヨーク州、アメリカ合衆国」

この文面を見て、グリフィスが、自分もその一人であった「お雇い外国人」の組織的な調査、体系的な研究を志して新たに資料の収集に乗り出したことを知り、六〇歳に近い年齢に及んでもなお傾注してやまなかった、かれの学問的情熱に打たれるのは、おそらく私一人ではないであろう。そしてかれのもとへ送られてきた数々の回答、またかれみずから永年にわたって丹念に集め、書きとめた新聞の切り抜きやメモ、さらに幾度となく手を加えた「日本の外国人助力者たち」（Japan's Foreign Helpers）と題する草稿などをまのあたりに見て、「お雇い外国人」研究のパイオニアとしてのグリフィスの、生涯をかけてのたゆみない努力に深い感銘を覚えた。私にとっては収集することができた資料もさることながら、その学問的遺産の中から、グリフィスがわれわれに語りかける力強い励ましの声をはっきりと耳にすることができたのが、本文庫を訪れた最大の収穫のように思われたのである。

以下、われわれもグリフィスに劣らない熱情をもって「お雇い外国人」について認識を新たにするための探訪の旅に出かけよう。

注

（1） Ardath W.Burks & Jerome Cooperman, "The William Elliot Griffis Collection", The Journal of Asian Studies, Vol.20, No.1, 1960, pp.62.
この文献はグリフィス文庫の内容を詳細に解説したもの。

（2） William E.Griffis, The Rutgers Graduates in Japan, Rutgers College, 1916, pp.32-33.
この文献は、ラトガーズ・カレッジ創立一五〇年記念出版で、一八八六年刊の初版を増補改訂したもの。本文献中の Notes and Appendices——II.The Japanese Students in America and Europe, III. Japanese Students in Rutgers College, V.Inscriptions on the Monuments in the Japanese Lot in Willow Grove Cemetery, New Brunswick, N.J., VIII, How the Japanese Came to New Brunswick などは、幕末明治初期の日本人海外留学生に関する貴重な史料的価値をもっている。

（3） William E.Griffis, Verbeck of Japan——A Citizen of No Country, 1900, p.217.

（4） 前注（2）参照。

（5） William H.Demarest, A History of Rutgers College 1766-1924, Rutgers College, 1924, pp.438-445.

第一章　お雇い外国人のおこり

1　明治維新史の性格

維新史に関する支配的な見方

グリフィスが一八五八年（安政五）からその調査を始めているように、「お雇い外国人」は幕末期にすでに発生をみたものであるが、それはどのような歴史的事情からであろうか。これは一口にいえば、日本が明治維新という史上かつてない一大転換期に入ったからである。その事情を明らかにするために、まず明治維新史の性格について概観しておこう。

慶応三年一二月九日（西暦一八六八年一月三日に当たる）に王政復古という形で徳川幕府に代わって明治新政府が樹立され、その政府によって明治初期に大きな社会変革が行なわれて、日本は封建社会から近代資本主義社会へと転換した。この変革が明治維新である。そして、この社会変革の成立過程を説明するのが、明治維新史である。

この維新史について現在ひとつの支配的な見方がある。これは幕末の天保期において、封建社会内部の社会的矛盾や階級対立がいちじるしく増大してきたことを重視し、かつこれらの矛盾、対立の原因が商品経済の発展にあるとみるものである。したがってこの見方では天保期以後の歴史は、これらの社会的矛盾や階級対立を解決し、止揚する方向に展開したのが特徴で、その帰結が明治維新の変革になったと説明している。この見方は、一般に封建社会内部において生産力が増大し、商品経済が発展すれば、社会的矛盾、階級闘争が激化して封建社会は崩壊するという社会発展の必然的法則――すなわち、唯物史観ないし階級史観にもとづいて明治維新史を解釈しようとするもので、国内的要因から明治維新の変革の自然必然性を説明しようとしているのである。

いいかえると、封建社会の行きづまりから自然必然的に明治維新の変革が生まれたというのである。したがってこうした見方では、当時の日本が受けた外国の圧力――外圧は外的偶然的なものとして軽視され、むしろ社会発展の必然的な法則がヨーロッパほどに日本では貫徹しなかった条件とされて厄介視されている。

しかし、以上のような見方は、今日一般に有力ではあるけれども、必ずしも正しいとはいえない。

日本の江戸時代における封建社会は、とくに徳川封建社会といわなければならないほど、封建社会一般ということではとらえることができない特殊性を多くもっているのであって、そこにおける商品経済の発展の仕方にも特異性がある。

強本弱末主義と商品経済

一七〇〇年代、ヨーロッパの大都市といわれたロンドン、パリの人口は、ともに約五〇万と推定されている。これに対して江戸の人口は、一七三二年（享保一七）に町人だけで五三万をこえていた。このように、江戸が同時期のロンドン——当時世界の商業の中心として国際的市場となっていた——やパリなどのヨーロッパの大都市をしのぐ大人口を擁したことは、当時の鎖国体制のもとで、国際的商業貿易の自由な展開がなされなかったことを考えると異常な都市の発展ぶりであった。

これは、幕府が諸大名を統御するための根本政策として参勤交替制をとったことが原因で、そのために人口が集中し、大消費都市化が行なわれたからである。そして幕府では一七世紀末の元禄期に将軍綱吉の法外な奢侈《しやし》生活が始まり、諸藩でも財政が豊かであるとかえって幕府から疑いの目で見られるので、ことさらにそれを避けて消費生活にふけったのである。そのために急激な商品経済の発展がみられ、幕府、諸藩の財政は、幕末期を待たずに、元禄末期には全く破綻《はたん》していた。したがって諸藩は、天保改革にさき立っていくどとなく財政改革を行ない、緊縮方針をとって財政の建て直しに努めた。しかしそれが一向に効果をあげることができなかったのは、幕府の強本弱末主義――本（幕府）を強くし末（諸藩）を弱める方針――や放漫政策のために、諸藩ではいくら国元で倹約しても江戸での過大な出費が続き、そのうえ幕府から不意に御用金や手伝い普請《ぶしん》などの課役を命ぜられたからであった。諸藩の財政窮乏は当然武士や農民にしわ寄せされてかれらの生活を窮乏させ、ひいては社会不安を招いたのである。したがって徳川封建社会の行きづまり、幕末期の社会的矛盾の根源は、幕府の強本弱末主義をとる独裁政治そのものにあった。

強大な外圧と維新の変革

そしてこのように国内で徳川封建社会が行きづまってきている時期――一八世紀末から一九世紀の初めになって強大な圧力が外から加えられ、この時から日本は世界的な歴史の流れの中にまき込まれるに至った。この時期に外圧が加えられたということは、日本の歴史の流れ、徳川封建社会にとって外的偶然的なものであったが、世界史の流れからみればそれは必然的なものであった。しかし日本が世界史の流れにまき込まれたのちは、外圧が国内的な諸条件と深く関連しあいながら、むしろ維新史の流れの内容、方向、速度を規定していき、もはや単なる外的偶然的な条件ではなくなって、明治維新の変革の必然的要因として働いたのである。すなわち外圧が日本史の流れを大きく規定し、この外圧にいかに対応するかという問題を軸として歴史が展開して、やがて明治維新の変革となったものである。そして徳川封建社会の行きづまりも、この外圧という世界史的な必然性の流れに沿って生じた、明治維新の変革によって打開されたのである。

この世界史的な必然性の流れは、産業革命によって急激に推し進められてきた資本主義体制の発展の流れであって、徳川封建社会どころでなく封建社会一般をも押しつぶしてしまうほどの強い力をそなえていた流れであった。徳川封建社会の内部で商品経済が発展したことは確かであるが、それはこうした流れを自分の体内から生み出す力をもっていなかった。いいかえると、商品経済の発展は、明治維新の変革の条件ではあったが、原因ではなかった。[1]

以上のように、徳川封建社会の行きづまりの中から明治維新の変革の方向に歴史の流れを進めたのは、外圧の性質と、それに対する日本人の対応の仕方であった。そうした外圧の性質についての認識は時の推移に従って徐々に深められ、またそれに応じて対応の仕方も変化していった。そうしたプロセスの中に「お雇い外国人」というものが発生して来る歴史的必然性が見られるのである。

注

（1） 以上については、坂田吉雄「明治維新と天保改革」京都大学人文科学研究所紀要「人文学報」第二号（昭和二七年）、および拙稿「明治維新」日本政治学会年報『近代革命の再検討』（昭和三九年）参照。

2 外圧への対応

外国船の来航と幕府の打払令

徳川幕府がポルトガル人の来航を禁止し、つづいてオランダ人を平戸から長崎出島に移して鎖国を完成したのは一六四一年（寛永一八）のことであったが、その翌年には早くもイギリスで清教徒革命が内乱に入り、市民革命への火ぶたが切られていた。世界の情勢はこのイギリス革命を皮切りに、その後大きく発展していったのに対して、日本は鎖国の壁をめぐらしてもっぱら徳川封建社会の維持に努めた。しかし一八世紀の末から一九世紀の初めにかけて、世界の波動は鎖国日本の壁を強く打つようになってきた。

今、ペリー来航以前の主要な渉外事件を示すと次のようになる。

一七九二（寛政四）　露使節ラックスマン根室に来航（漂流民送還、通商要求）
一七九六（寛政八）　英艦ブロートン号室蘭に来航（付近測量）
一八〇四（文化一）　露使節レザノフ長崎に来航（通商要求）
一八〇七（文化四）　ロシア人、エトロフ、樺太で暴行（通商要求の拒絶に対する報復）
一八〇八（文化五）　英艦フェートン号長崎に侵入（暴行、長崎奉行、佐賀藩重臣の引責自殺）
一八一六（文化一三）　英艦那覇に来航（付近測量）
一八一八（文政一）　英商船江戸湾進入（通商要求）
一八二二（文政五）　英捕鯨船江戸湾進入（薪水食料要求）
一八二四（文政七）　英捕鯨船常陸国大津浜・宝島に来航（上陸、発砲、暴行）
一八三七（天保八）　米船モリソン号浦賀に来航（漂流民送還、通商要求）

一八四四（弘化一）　仏艦隊那覇に来航（通商など要求）
一八四五（弘化二）　英測量船サラマング号長崎に来航（付近測量、薪水要求）
一八四六（弘化三）　仏艦隊琉球に来航（付近測量、通商要求）、米艦隊浦賀に来航（開国の意志を問う）

こうして日本は、北方からロシア、南方からイギリス、フランス、さらに東方からアメリカの圧力をつぎつぎに受けるようになり、時期が下るに従って外国船の来航の頻度《ひんど》、艦船の規模が増大したことは、鎖国日本にとって重大な脅威であった。幕府はこれら列強の通商要求に対して鎖国が祖法であることを説いて、その要求を拒絶し、他方、北海道、江戸湾、長崎を中心に海岸防備に努めるとともに、来航する外国船に関しては、初め一八〇六年（文化三）に薪水給与令を出して穏便に取り扱って退去させる方針をとったが、のち一八二五年（文政八）には異国船打払令《いこくせんうちはらいれい》を発して、外国船は理由の如何を問わず打ち払うという強硬な態度をとった。このような態度を幕府がとったのは、当時外国の事情に通じていなかったことにもとづくが、一面では列強の出方にもよっていた。

尊王攘夷論と武士イデオロギー

日本にとって外国との通商ということ自体は、けっして新たな出来事ではなく、鎖国下オランダとの通商貿易は長期にわたって行なわれていた。しかしオランダ人の対日態度は卑屈ともいえるほど迎合的であり、その間になんの危機感も生じなかった。ところが、新たに迫ってきた欧米列強は、オランダのような商船とは異なって、多くは軍艦ないし艦隊をもって威圧し、付近を測量、商船の場合でも暴行を働くことが多かった。したがって幕府当局者を初め国内の有識者層が、寛永の鎖国当時に見られた対外意識と同様に、列強は通商貿易に名をかりて、実は武力侵略を始めるのではないか、という危惧《きぐ》の念を強く抱き、武力をもった外国には、鎖国だけでは対抗できず、外国を打ち払う、すなわち攘夷を決意するほかなかったのである。結局、外圧を国防の立場、軍事的な立場で受け止めることになった。そして、この外圧に対する原初的な対応の仕方が、幕末から明治にかけての歴史の流れの基底に存在しつづけたのである。

このさい、このような対応の仕方を生んだ主体的条件として、当時の支配階級が町人ないし農民階級でなく、特殊な武士意識をもつ武士階級であり、かれらが同時に知識階級であったということは、自明のことながら注意しておく必要があろう。一般に武士の気風は、長い太平の時代を通じて衰弱したといえるが、それでも一部には封建武士の面目を尊重する気風は持続され、力に屈することは恥辱の極みで、死よりもつらいとする武士意識があった。それはさきのフェートン号事件のさいの長崎奉行、佐賀藩重臣の自刃に示されている。またそうした武士意識が対外情勢によって刺激され、覚醒《かくせい》されていったのである。

さてこうした外圧に対する原初的な対応の実践的イデオロギーが、水戸藩に生まれた尊王攘夷論である。この論は、幕末志士のバイブルであった会沢正志斎《あいざわせいしさい》の『新論』(一八二五年〈文政八〉脱稿)に見事に結晶している。

すなわち、

「今や諸藩の財政は極度に窮乏し、そのしわ寄せで農民は疲弊し切っている。こうした内憂のさいに外圧を受け始めたことは憂慮に堪えない。外国の強敵に当たるには、まず幕府の伝統的な強本弱末主義を改め、全国的に富国強兵を図って幕府のみならず諸藩の財政・軍事力を強化し、もって外夷に当たれば、外夷を追い払うこと(攘夷)ができる。そして将軍は日本における最高絶対の権威者である天皇から委任を受けて国家統治に当たるのであるから、その委任にこたえて内憂、外患を取り除くことが天皇を尊崇する（尊王）所以《ゆえん》である。」

と論じている。

この尊王攘夷論は、もともと親藩御三家の一つである水戸藩に生まれたことからもわかるように、幕府の存在を前提としたイデオロギーであった。しかし、政権の根源が天皇にあるといい、これまで幕府が考えていなかった日本国家全体の立場での軍備を主張し、国防の見地から幕府の根本政策を批判する性質をもっている点では、まさに新時代の動きの尖端に立つイデオロギーであった[1]。この論が幕府の弱点を突き、尊王攘夷運動を激化させたのは、もともと幕府が日本国家全体の国防を考えていなかったために、外圧が現実の問題となると、内乱を抑える政治組織である幕府の独裁的封建制は、必然的に批判をまぬがれない運命にあったからである。

天保年間に入って、水戸の尊王攘夷論は全国の諸藩に急激に広がるようになった。これは一八四〇年（天保一一）清《しん》国で起こったアヘン戦争の報道が伝わったからで、隣国がイギリスの軍事力の前に敗北したことは、日本の危機を識者に痛感させ、同時に、西洋の兵器、銃陣の優秀性を明瞭に認識させた。

西洋軍事学の発達

天保の改革は幕府、諸藩を通じて行なわれたものであるが、その特徴は、外患を顧慮しての武備充実、兵制改革に重点がおかれたことで、とくに長州藩や幕府では武備充実、兵制改革が進んだ。

「勤倹尚武」というスローガンは、天保以前の藩政改革でも用いられたが、それは財政を建て直すのが目的で、そのために質素であることを必要として尚武が唱えられた。しかし天保改革では、尚武が目的となり、勤倹は武備充実の手段になったのである(2)。幕府が一八四二年(天保一三)異国船打払令を撤廃し、文化の薪水給与令に復帰したのも、アヘン戦争の情報に驚いて外国との紛争を避けようとしたためであり、それだけ外圧の強さに脅かされたものであった。

対外情勢のこうした変化は、西洋軍事学の知識をますます必要とするようになり、ここに蘭学の主要部門を天文学、医学から軍事学へと転回させるようになった。長崎の町年寄《まちどしより》高島四郎太夫(秋帆《しゅうはん》)のいわゆる西洋式の高島流砲術もこのころから広まっていった。

そこへ一八五三年(嘉永六)ペリーが浦賀に来航し、外圧が直接に日本に加えられた。この来航を契機として、歴史展開のうえでは、どちらかといえば、これまで外患を掲げて国内の社会的矛盾を解決しようとする傾向が強かったのに対して、これ以後は、現実化した外患に対処する政治的課題の方が圧倒的に優勢となった。幕府の有識者が開国に踏み切ったことは、それだけ海外情勢に通じていたためであるが、情勢に暗かった攘夷論者は、幕府が外夷の威圧に屈したと考えて幕府の開国政策に反対し、攘夷の実行を叫んだ。

すでに述べてきた一八世紀末から一九世紀にかけての欧米列強の東アジア進出は、イギリスに始まる産業革命の波及、資本主義の発展という世界史の必然的な歴史の流れであった。したがって日本に加えられた外圧は、この産業革命を経て生まれた資本主義体制の国家にして初めて持ちえた軍事力、経済力であり、とうてい当時の日本の国力では抵抗できない性質のものであった。しかし、尊王攘夷論者には、一般に青年血気の士が多く、士気が刷新されさえすれば攘夷はできるものと考えていた。ここにかれらの限界があり、認識の誤りがあった。

外圧への抵抗と外国知識の導入

しかしながら、同じ水戸の攘夷論の流れを汲む者の中にも、たとえば吉田松陰《しょういん》のように、まず国防のために外国事情を知ろうとするものもあった。それは戦争に及んだ場合、外国の強大な軍事力に対して勝算がないことを見通し、西洋兵学の研究を焦眉の急とするものであった。そこには「彼を知り己を知れば百戦あやうからず」というかれの兵学者的態度が示されていた。

前者の無謀な攘夷論者と松陰との間には、外圧に対する認識の相違があった。開国論と攘夷論との対立は、嘉永から安政に入って、条約勅許問題、将軍継嗣問題、安政の大獄などをめぐっていよいよ激化した。その間においても、幕府を初め諸藩、ことに薩摩、佐賀、長州などの西南諸藩では、武備充実、兵制改革を中心とする新事業が積極的に進められた。それは一般に、ペリー来航以前に見られたような単なる西洋の兵器の購入、銃陣の採用といった段階をこえて、軍事学、理化学、工学などの基礎研究（鎖国時代を通じて高められた蘭学の学問的水準はかなりの程度に達していた）から出発して、砲台、反射炉の建造、大砲の鋳造、艦船の建造、火薬の製造を試み、洋式工業の移入を図ろうとするものだった。そこでは無謀な攘夷論にあえて拘泥しなかった当時の幕政・藩政の指導者の積極的な開国意識の高さと、外圧に対する認識の進展とが認められるのである。

そして幕府のみならず、諸藩にも武備充実、兵制改革が表面化してきたことは、徳川封建社会、幕藩体制の外から加えられた圧力という要因によって、従来の幕府独裁

佐賀藩の洋式工業：反射炉

制の方針と相いれない歴史的要素が発生、展開して来たことを意味するものである。

さらにその改革、充実は、西洋銃陣の採用、西洋兵器の購入および製造を内容としているため、結局、封建武士団組織、封建経済組織と矛盾する性格のものであった。このことは、徳川封建制社会の崩壊のうえで、きわめて重要な意義をもつのである。

以上述べてきたように、外圧への対応の仕方は、ペリー来航を画期として〝外圧への抵抗〟から、しだいに〝外圧への順応〟へと推移し、かつ物質文明の領域――とくに軍事面において全面的に西洋軍事力の模倣、採用に乗り出し、旧来の封建的軍事力に代置するという方向を取るに至った。こうして、幕末の「お雇い外国人」は、まず軍事面から発生してくるのである。

注
（1）和辻哲郎『日本倫理思想史』下巻（昭和二七年）六二六―六四四ページ。
（2）坂田吉雄編著『明治維新史の問題点』（昭和三七年）一二ページ。

3 安政期のオランダ人――お雇い外国人の先駆（I）

長崎海軍伝習所と幕府伝習生

幕府は、ペリー来航直後、もはや鎖国主義を維持できないと考えて、二〇〇年来堅く禁じていた大船の製造停止令を撤廃し、海軍創設の必要を認めて一八五三年（嘉永六）一一月、オランダから軍艦を購入することを決め、そのことをオランダに依頼した。翌年（安政一）七月、オランダは、長崎の商館長ドンケル・クルチウスを通じて目下ロシアとトルコとの交戦のため直ちに幕府に軍艦を譲渡することはできないが、近日スンビン号を派遣して、日本人に海軍関係の諸術を伝授し、日本の海軍創設の手伝いをしたいと申し出た。その後間もなくスンビン号は、艦長G・ファビウス（Gerhardus Fabius）の指揮の下に長崎に来航した。G・ファビウスは、海軍創立に関して教師、学科、造船所およびオランダ語学習の必要などを懇切に建白し、そこで幕府も動かされてオランダ士官の招聘《しょうへい》および海軍伝習のことを決め、やがてオランダとの話合いが成立した。

そこでオランダ政府は、一八五五年（安政二）六月、いったんバタビヤに帰航したスンビン号に、オランダ海兵指揮役・第一等尉官ペルス・レイケン（Pels Rijcken）以下、士官、機関士、水夫、火夫など二二名から成る海軍伝習派遣隊を乗せて、再び長崎に回航させ、同艦を幕府に献納して海軍伝習の練習艦に当てるよう申し入れた。このようなオランダの幕府に対する好意的態度には、列強の新たな対日通商要求の動きの中で、従来の通商特権を維持しようとする考えが含まれていた。

幕府はさきのレイケン以下のオランダ人を教官として雇い入れ、長崎奉行所西役所（現在の県庁所在地）を教場とし、スンビン号を観光丸と名づけて練習艦とし、海軍伝習を開始した。これが長崎海軍伝習所である(1)。

伝習の開始に当たっては、総取締り、すなわち伝習所長の永井玄蕃頭尚志《げんばのかみなおむね》が伝習生たちを引率して出島のオランダ商館を訪問し、そこで入門式が行なわれた。

幕府伝習生は、勝麟太郎《かつりんたろう》（海舟）ら約四〇名、その他、佐賀、筑前、薩摩、長州、津、熊本、福山、掛川の諸藩から約一三〇名が加わった。明治になって活躍した五代《ごだい》友厚《ともあつ》、川村純義《すみよし》、税所篤《さいしょあつし》（以上、薩摩藩）、佐野常民《つねたみ》、中牟田《なかむた》倉之助（以上、佐賀藩）らもその中にいた。のち榎本釜次郎《えのもとかまじろう》（武揚《たけあき》）も派遣され、伝習生はしだいに増加していった。

当時教授された学科は、航海術、運用術、造船学、砲術、船具学、測量学、算術、機関学、砲術調練で、その教授時間は、午前八時から一二時まで、午後は一時から四時までであった。また練習艦上で実地の運転や諸帆の操作をしたり、さらに仮の造船所を作り、一年がかりで五〇〇石積み、長さ一五間（約二七メートル）の汽船一隻《せき》を実地に製造したりした。教授の方法は、教官が壇上に立ってオランダ語で講義をすると、伝習掛の通訳官に任命された通詞がこれを通訳して、学生に筆記させる方法で授業が行なわれた。したがって、通訳がなければ互いに言葉が通じないので、オランダ人の教官も教授方法に苦しみ、伝習生徒の方も理解に苦しんだ。初め二、三ヵ月の間というものは、かれら伝習生は困り果てたといわれている。

やがて一八五七年（安政四）三月、卒業した第一期伝習生一〇五名は、監督の永井尚志に引率され、観光丸に乗って江戸へ帰った。これはのちに述べるように、幕府が江戸で海軍伝習を始めるためであった。ただ勝麟太郎だけは、オランダ教官らの希望で長崎に残り、新入生の世話を続けた。

派遣隊長ペルス・レイケンは、同艦の運転を日本人のみに任せることを心配したが、それは杞憂《きゆう》に終わり、二三日間で無事江戸につき、ここに伝習の成果が認められたのである。

第二次派遣隊と隊員の給与

さて海軍伝習が開始されて一年もたたないころ、幕府はオランダに対して、引き続き第二次の海軍伝習派遣隊の選抜を依頼した。そこで五七年オランダ政府は、新たに海軍大尉ホイスセン・ファン・カッテンダイケ（Huijssen van Kattendijke）を隊長とする総計三七名の第二次隊員を任命し、そのとき、たまたま幕府の注文を受けて建造していた軍艦ヤパン（Japan）号が竣工したのを機会に、同年八月、その回航かたがた同艦で新隊員を日本に派遣してきた。同艦は一〇万ドルで受け取られ、やがて咸臨丸《かんりんまる》と改称された。同艦はのちに遣米使節の随行艦として、勝麟太郎が艦長となり、日本人の操縦による——アメリカ海軍大尉ジョン・M・ブルック以下の同乗、援助があったが——最初の太平洋横断に成功したものとして有名である。第二次派遣

カッテンダイケ

隊の到着によって、レイケン以下の旧教官は解任となり帰国した。

これら長崎海軍伝習所におけるオランダ人は、一面ではオランダ領東インド派遣のオランダ艦隊に属するとともに、他面では幕府のお雇い教師であった。この二重性格は、かれらの給与形態にもあらわれている。すなわち、士官、機関士などは、東インド勤務中において、オランダ政府から支給される俸給（本俸のほかに加俸がついた）のほかに、さらに幕府からそれと同額以上の割りのいい手当てを受けたもので、かれらの収入は大きかった。第一次隊長ペルス・レイケンの日本における手当は——一等尉官で年五〇〇〇ギルダーというのが東インド派遣中の給与であった——月四五〇ギルダー、一ヵ年五四〇〇ギルダーで、当時幕府の公定換算相場によると、小判一枚六ギルダー五〇（二朱金では一枚一ギルダー六二五）として小判七〇枚に相当し、莫大なものであった。[2]

レイケン以下二二名分の給料は、一ヵ年三万一五六〇ギルダー、一九七貫二五〇目で、金にして三〇三四両余にのぼった。[3] かれらは出島で住宅を無償で与えられ、飲食物、油、薪炭類の諸費用は毎月の手当てから自弁した。幕府は一ヵ年分のこれら手当て、その他の入費総額二一〇貫を脇荷銀《わきにぎん》でオランダ商館へ支払い、オランダの弁務官が貿易金庫から各士官らに支給した。

長崎伝習所が果たした役割

カッテンダイケを隊長とする第二次オランダ海軍伝習派遣隊も、第一次のそれとほぼ同様な学科目につき、とくに練習航海が活発に行なわれ、また教官も増加して、砲術、築城、歩兵・騎兵の調練、医学、舎密《セイミ》学（化学）などの課目もふえたが、やがて一八五九年（安政六）二月、長崎海軍伝習所は閉鎖となり、オランダ人教官は一部を除いて帰国した。この伝習所は、前後五ヵ年間の寿命しかなかったが、日本海軍の揺《よう》籃《らん》の役目を立派に果たしたのである。幕府は、五七年（安政四）四月、江戸の築地講武所内に軍艦教授所――のちに軍艦操練所、軍艦所、あるいは海軍所と改称された――を開いたが、その教官はさきに観光丸で帰った長崎伝習所の第一回伝習生であった。

幕府が長崎海軍伝習所を閉鎖した事情として、安政の大獄を中心とする政情の不安が伝習に対する関心を薄くしたと考えられるが、主として出費多端のおりから、海軍伝習機関を長崎から幕府のひざ元の江戸へ移そうと考えていたところへ、国際情勢の変化にもとづくオランダ側の申し入れが大きく作用したものと思われる。すなわち閉鎖の前年一八五八年（安政五）六月、オランダ商館長ドンケル・クルチウスが条約交渉のために江戸へ来て、近ごろ英米その他の列強が日本と外交交渉を結ぶようになったので、このままオランダが日本人に軍事教育を施していると、オランダが日本をそそのかして英米などに敵対行為をさせようとする陰謀をもっていると誤解されるから、オランダ政府としては、軍事教官を日本に派遣することをやめ、日本は単に個人の資格でオランダ人を雇うのが望ましいと献策した。(4) このような安政の条約締結に伴う国際関係の変動が、長崎海軍伝習所の閉鎖に影響したことは疑う余地のないところであろう。一八五九年（安政六）、長い歴史をもつ出島のオランダ商館も消滅した。

医学のポンペと造船のハルデス

なお、第二次長崎海軍伝習派遣隊のオランダ人が残した遺産として忘れることのできないものに、西洋医学の伝習と長崎製鉄所の竣工とがある。

第一次派遣隊とは異なって、第二次のメンバーには一軍医がいた。この軍医が、ポンペ・ファン・メールデルフォールト（Pompe van Meerdervoort）である。かれは陸軍士官であった父が在任していたベルギーのブルージュに生まれ、二〇歳でユトレヒト陸軍軍医学校を卒業、直ちに陸軍軍医になった。来日当時はまだ二八歳のオランダ陸軍二等軍医であった。

ポンペは海軍伝習にさいして物理、化学、解剖学、繃帯《ほうたい》術を受け持つとともに、幕府から内科学、外科学の教授を希望されたので、同時に出島の居宅で医学伝習を行なうこととし、西洋において行なわれている医学教育法に従い、系統的な西洋医学を講義した。

この開講は一八五七年（安政四）九月二六日に当たり、この日こそ日本における西洋医学教育発祥の第一日であった。幕府の医学伝習生の筆頭には、松本良順がいたが、ポンペの閉講時――かれは、海軍伝習所の廃止後も残留し、一八六二年（文久二）まで滞在した――までの受講者数は良順を含めて一三六名の多数にのぼった。日本における洋式医学校および病院の起こりともいうべき医学伝習所（西役所からほど遠くない大村町に置かれた）および養生所（小島、文久一年八月開院）は、いずれもポンペが献策、要請したもので、それらは、幾多の変遷を経て、今日の長崎大学医学部につながっている。(5)

次にポンペと同じ第二次派遣隊に、機関部士官ハルデス（Hendrik Hardes）がいた。かれは海軍伝習のほかに、日本の近代造船業の一つの基礎を築いた。幕府は長崎海軍伝習所の設置直後、海軍伝習に必要な軍艦の修理ならびに造船に必要な鉄材の製造所を設けようとして、これに必要な蒸気機関その他多くの工作機械をオランダに注文していた。一八五七年（安政四）秋これら諸機械が日本へ到着し、ハルデスの指導のもとに、同年一〇月出島の対岸飽之浦《あくのうら》に工場建設が開始された。鍛冶場《かじば》、工作場、鎔鉄場の三工場から構成される製鉄所の工事は、幕府財政の窮乏のおりから容易に進まず、完成をみたのは一八六一年（文久一）四月であった。これが長崎製鉄所で、のちの長崎造船所（戦前の三菱長崎造船所）の前身である。

ハルデスは製鉄所創設の指導の任務を終えて、一八六一年帰国し、ハルデスとともに建設に従事したオランダ人技師アーケン、ラスコイトら一〇名も翌年解雇となり帰国した。(6)

注

（1）維新史料編纂事務局『維新史』第二巻一四三ページ以下。
（2）水田信利『黎明期の我が海軍と和蘭』（昭和一五年）五五、九〇―九一ページ。
（3）勝海舟『海軍歴史』（海舟全集、第八巻）六三―六四ページ。
（4）前掲『黎明期の我が海軍と和蘭』一四〇―一四一ページ。
（5）長崎大学医学部『長崎医学百年史』（昭和三六年）。
（6）『三菱長崎造船所史』1（昭和三年）六―七ページ。

4　文久～慶応期の米・英・仏人——お雇い外国人の先駆（II）

長崎英語伝習所の設立

一八五八年（安政五）六月、幕府はアメリカと修好通商条約を結び、その後三ヵ月足らずの間に、オランダ、ロシア、イギリス、フランスの諸国とも同様な条約を結んだ。その結果、今まで長期間にわたって日本に対する唯一の西洋文化供給国であったオランダの地位はくつがえされ、代わってアメリカ、イギリス、フランスなどがしだいに先進文明諸国として、日本に文化的影響を与えるようになってきた。一八六〇年（万延元）正月、幕府は日米修好通商条約批准書を交換するため遣米使節を派遣したが、この使節一行には幕府使節と随員のほか、佐賀、仙台、長州、土佐、熊本など一〇藩の藩士が海外情勢視察のために加わり総勢八十余名の多人数であった。

かれらは世界を一周して初めて英語の勢力を認識し、オランダ語を仲介として西洋知識を吸収するのは時代遅れであることをさとった。そのため万延、文久の交、一八六〇年代の初めを画期として蘭学がすたれて、新しく英語を中心とする洋学の研究が始められるようになった。大坂の緒方洪庵《おがたこうあん》の塾で蘭学を学んでいた福沢諭吉も江戸へ出た翌年の安政六年（一八五九）、見物のため横浜の新開港場に出かけたところ、少しも言葉が通じないのみか、店の看板や商品の貼紙に書いてある文字も一字も読めなかった。彼はこれまで死物狂いになって蘭書を勉強した甲斐《かい》がなかったと大いに落胆したが、すぐ気を取り直して、これからはいっさい万事英語と覚悟を決め、英学に転ずる決心をしたという。

やがて福沢は、咸臨丸で初めてアメリカへ渡り、帰国後は、できるだけ英書を読むようにして、しだいに増した塾生にも蘭書を教えないで、ことごとく英書を教え、かれ自ら英文研究の便宜をえるために幕府の外国方《がいこくかた》（今でいえば外務省）へ雇われるようになった(1)。

このような時代の流れの中で、幕府は一八五八年（安政五）、長崎奉行所内に英語伝習所を設け、オランダ通詞楢林《ならばやし》栄左衛門、西吉十郎を頭取とし、オランダ海軍将校ウイッヘルス(Jhr. H.O.Wichers)、オランダ出島商館員デ・フォーゲル(De Vogel)、イギリス長崎領事館員フレッチェル（Lachlan Fletcher）を招いて教師とし(2)、通詞その他役人の子弟らに英語を学ばせた。この英語伝習所は、一八六二年（文久二）英語所、またその翌年末、洋学所と改称された。さらに一八六五年（慶応元）八月には新校舎を設けて済美館《せいびかん》となり、語学のほかに諸学術を教えた。

また幕府は開港の関係から、横浜にも一八六二年英語所を設置し、神奈川奉行の支配下にある役人の子弟を教育する目的で、神奈川奉行に属する通詞のほか、アメリカの神学博士ブラウン（Rev. Samuel Robbins Brown）などを教師とした。オランダ人を通して開かれた初期英語教育は、このようにもっぱらアメリカ人教師によって行なわれたのである。

攘夷から開国への動き

以上のように歴史の底流は、少しずつ新しい方向に進んでいたが、なお表面的には保守反動の勢力が荒れ狂っていた。安政の大獄に見られる幕府の強圧政策の結果、尊王攘夷の志士たちの活動は全般的に静まったが、一八六〇年（万延一）の桜田門外の変で井伊大老が暗殺されてから、再びその活動が活発となり、尊王攘夷運動が最高潮に達した。六二年（文久二）には生麦事件、六三年には下関における長州藩の外国船艦砲撃事件などが相ついで起こった。しかしこれらの尊王攘夷運動は、おおむね尊攘激派が指導した浮き上がった運動であった。藩政府首脳部の意向は激派と同じではなかった。

とくに長州藩は尊王攘夷の激派が多かったが、藩政府に重きをなしていた周布《すふ》政之助、村田蔵六（のちの大村益次郎）らは、とても攘夷に勝算のないことを知り、将来に備えて伊藤俊介（博文）、志道聞多《しじもんた》（井上馨）、野村弥吉（井上勝）、遠藤謹助、山尾庸三《ようぞう》の五人を、下関の攘夷で沸騰しているさなかの五月、ひそかにイギリスに派遣していた。伊藤、井上の両人もそれまで尊王攘夷の志士であったが、井上は日本を出てわずかに四、五日、上海に到着して早くも攘夷の誤りであることを知って開国論者に一変した。伊藤はこれを「丈夫《じようふ》の恥じる所ではないか」と井上に反対したが、その伊藤もロンドンに到着して開国論者に変わってしまった。

翌一八六四年（元治一）八月には、イギリス、アメリカ、フランス、オランダ四国の連合艦隊が、さきの長州藩の砲撃に対する報復として下関を砲撃し、わずか三日で長州藩の諸砲台に上陸、占領し、長州藩は降伏した。また薩摩藩では、生麦事件の報復のための薩英戦争で、一八六三年（文久三）七月、イギリス艦隊の鹿児島砲撃を受け、市街の大半を焼かれ、賠償金をとられる始末となった。

このように対外戦を経験し、西洋近代軍事力のために惨敗したことから、両藩では尊王攘夷論者から開国論者への転向が広く行なわれ、かえってイギリスへの接近が顕著になった。

イギリス技師の集団　後列右から２人目がジョン・テットロウ。

鹿児島紡績所と異人館の竣工

薩摩藩では、一八六五年（慶応一）三月に、幕府の禁令を破って、監督新納《にいろ》刑部《ぎょうぶ》（筆頭家老格）、学頭町田久成以下総勢一九名の留学生をひそかにイギリスに出した。この留学生の中には、松木弘安（のちの外務卿寺島宗則）、五代友厚、畠山義成《よしなり》、鮫島尚信《ひさのぶ》、森有礼、吉田清成《きよなり》らも含まれていた。そして五代らは藩命によってマンチェスター市近郊のオールダムにあるプラット兄弟会社製の各種紡績機械二八台を購入し、ほかにストックポートのベリスフォード汽鑵会社製の力織機一〇〇台、マンチェスターのホレン・ホプキンソン会社製の伝導装置を加え、工場の設計もプラット兄弟会社に依頼し、技師を招聘《しょうへい》することにしたのである。

磯の浜の鹿児島紡績所

やがて六六年（慶応二）一一月ころ、司長のE・ホーム、シリングフォード（Shilling-ford）、サッチクリフ（Sutchcliff）、ハリソン（Harison）などの技師が到着し、磯の浜において工場の建築に着手した。翌六七年（慶応三）正月、工務長ジョン・テットロウが付き添って紡機も到着し、ついで二人の技師も着き、春には技師の居館、いわゆる異人館が、五月には工場本館が竣工し、操業を始めた。これが鹿児島紡績所で、およそ二〇〇人の職工が一日平均一〇時間就業して、平均およそ四八貫の綿糸を紡ぎ、白木綿《しろもめん》・縞《しま》類を織った。これが日本の機械紡績の先駆である。イギリス人技師の雇用契約はE・ホームは慶応二年より二ヵ年、給料年額洋銀五〇〇〇枚、他は週給五ポンドという高給、三ヵ年の契約であったが、いずれも鹿児島滞在を好まず、一ヵ年で帰国した(3)。

イギリスとフランスの角逐

以上のように、万延、文久、元治にかけて英学が盛んとなり、また諸藩の兵制もしだいに蘭式から英式へ変わるようになった。とくに反幕勢力の中心である薩長両藩ではイギリスへの接近が顕著となり、その接近を通じて軍事力の近代化と殖産興業を図り、富国強兵の実をあげるようになってきた。また、イギリス側も元治から慶応にかけて、積極的に反幕派のこれら薩長両藩を援助したので、かねてから海外発展についてイギリスと激しく競争していたフランスは、このイギリスの反幕派援助に対抗して、幕府援助の政策を積極化するようになった。

一八六四年（元治一）三月、フランス公使としてレオン・ロッシュが来日し、幕府と特殊親善関係を結んで、外交、軍事、経済などの各方面に積極的な活動を開始し、イギリス公使パークス（Sir Harry Parkes）を好敵手として、フランスの日本における優越的地位を樹立しようとした。そうしたかれの動きを契機として、幕府内部に親仏派が形成された。

この派の中心が小栗上野介《おぐりこうずけのすけ》（忠順《ただまさ》）である。かれは旗本から抜擢《ばってき》された優秀な人材の一人で、万延の遣米使節に加わってアメリカに赴《おもむ》き、尊攘論の盛んな時に帰国したが、政治、軍備、商業、産業などに関しては、外国を模範として日本を改善しなければならぬと、はばかるところなく公言し、その後、外国奉行、勘定奉行を歴任して幕政の枢機に参画するようになった人物である。こうしたロッシュ―小栗の線によって、一八六四年末幕府はフランスに近代的造船所の建設を依頼し、ついで横須賀に仏国ツーロン造船所の三分の二に相当する規模の工廠を建設するほか、横浜にも小規模な工廠を設ける協議が成立した。

幕府では、長崎のような僻遠《へきえん》の地では管理運営が思うようにいかないうえ、反幕勢力の手中におちる危険性もあり、フランス側でも江戸湾口を押さえる横須賀、横浜はフランス東洋艦隊の停泊、修理に格好の地であるところから、ここに両者の含みが一致したものである。幕府はこの設立によって諸藩を圧する近代的海軍力を所有でき、反面フランスは極東における勢力強化の基地とすることで力コブを入れた(4)。

そのため、翌六五年(慶応一)正月、工事一切をフランスに委嘱する約定書が幕府からロッシュに渡された。これらの設計、技師、職工の雇い入れ、機械購入などは、これまで清国にいたフランス海軍士官(大技士)のヴェルニー(François Léonce Verny)が当たることになった。やがてかれ以下多数のフランス人技師、職工など

横須賀製鉄所官吏とお雇いフランス人（『横須賀海軍船廠史』より）

が、一八六六年（慶応二）の春に来日した。

横須賀製鉄所とヴェルニー

横浜製鉄所は規模が小さかったので間もなく竣工したが、横須賀の方は大規模なため容易に進まず、やがて幕府の倒壊に遭って工事も中絶した。しかしこの横須賀製鉄所は、明治新政府の手によって継続事業として完成し、一八七一年（明治四）、横須賀造船所と改称されたものである。ヴェルニーは多年にわたって同所の首長として現業を総轄した。六六年（慶応二）一〇月の調査によると、横浜・横須賀両製鉄所が雇い入れたフランス人の総数は、合計五二名で、給料の最高はヴェルニーの年俸一万ドル、最低は船工職、水潜職などの月六〇ドルであった[5]。

一八六五年（慶応一）に計上されたこれらの建設費は、年額六〇万ドル、四ヵ年継続、総額二四〇万ドル（あるいは四〇〇万ドルともいう）で、この全部が支弁されたか不明であるが、ともかく巨額にのぼった。こうして造船部門において大規模なお雇いフランス人技師の招聘が初めて実現した。

この横須賀製鉄所の建設に伴って、横浜に仏語学伝習所が、六五年三月開かれた。これはロッシュが幕府に対して製鉄所に必要な通弁の養成と諸科学の学習のために開設を勧めたものであった。学校の事務は外国奉行が監督し、フランス語の教授には早くから箱館で塾を開き、のちにロッシュの通弁官となった教頭のメルメ・デ・カションン（Mermet de Cashon）、騎兵中尉ビュラン、公使館員ブランおよびルニュル・ヴーヴなどが当たり、ほかに地理、歴史、数学などを教えた。学生にはカションの旧門下生や幕府親仏派の子弟が多かった(6)。

軍事教練でも競争する英・仏

さて、フランスの対幕接近、幕府中の親仏派の形成は、幕府のフランス軍事教官招聘のうえにも反映した。幕府は一八六二年（文久二）軍制をヨーロッパ式に改編しようと企て、同年から翌六三年にわたって歩・騎・砲の三兵を編制したが、オランダ式

フランス軍事教官の一行

ではなはだ不完全であった。つづいて六四年（元治一）には、経費節減、改編の速成を図るため、当時横浜駐屯のイギリス軍隊から三兵教練や学科を学ぼうとしてイギリスに申し入れた。しかしイギリス側は幕府に好意を持たず、幕府軍事力の強化を利益としなかったので、一五〇〇の陸兵を横浜に擁しながら幕府の要求に容易に応じなかった。

このようにイギリスからの陸軍伝習がはかどらない情勢のもとで、フランスの財政的援助、兵器供給を受けて幕府軍事力を強化し、第二次長州征伐を実行しようとしていた親仏派の主張が通って、ついに陸軍伝習を全面的にフランスから受けることに決定したのである。これが六五年（慶応一）

一〇月下旬のことで、やがて首長砲兵大尉シャノワン（Chanoine）以下、砲兵大尉ブリューネー（Brunet）、騎兵中尉デシャルム（Descharmes）、歩兵士官ジュ・ブスケ（Du Bousquet）ら一五名のフランス軍事教官団が一八六七年（慶応三）正月上旬に来日した。

かれらの軍事教練の指導は、同年中ごろから翌明治元年正月の鳥羽伏見の戦い前まで、わずか約半年の間、横浜ついで江戸の駒場野で行なわれた。やがて幕府の倒壊によって同年二月、教官団は解約となり、やがて帰国した。しかし、ブリューネーは箱館の榎本武揚の軍に参加して問題を起こした。(7) ジュ・ブスケは居残って明治陸軍の建設に寄与したことは後述する通りである。かれら軍事教官の給料も非常に高く、六七年末、公使ロッシュの申入書によると、首長シャノワンは月俸三〇〇〇フラン、士官二〇〇〇フラン、下等士官各七〇〇フランで、一ヵ月合計一五名で一万八〇〇〇フランにのぼった。(8)

当時フランス教官の到着と同時に、フランス士官と兵士の軍服類も日本へ送られてきて日本人も着用した。しかし士官服はともかくも、兵士服に至ってはまことに奇妙であった。洋袴（ズボン）は兵士の足に合わず、靴は大きく重いので、草履《ぞうり》のように引きずって歩き、長刀を帯びているため、上衣が浮いて後ろから見ると尻尾《しっぽ》のように

見え、猿芝居の猿と評されたということである。(9)

こうして、ともかく三兵教練がついにフランスの手に帰したことは、剛気なイギリス公使のパークスを怒らせた。当時の書記官ミットフォード（Mitford）の自叙伝によると、パークスは「ロッシュがなんだ。自分は海軍伝習で対抗するぞ」といい、幕府に迫ってついにイギリスより海軍士官、下士官招聘のことを成立させた。「こうして日本の陸海軍の基礎は、英・仏両国公使のサヤ当てでほぼ同時に成立した。この挿話は自分の目撃した所である」と記している。(10) フランス陸軍教官団来日と同年の一八六七年九月、イギリス海軍士官トレシイ（Tracy）ら一二名が来日し、築地に海軍所（操練所）を開いたが、まもなく王政復古の政変にあって中止された。ちなみに首長トレシイの月給は三七五両であった。

〝外圧への順応〟から〝外圧の利用〟へ

幕末最後の段階に当たる慶応期において、幕府、薩藩で洋式工業が導入され、それにお雇い外国人が招聘されたことは、外圧への対応の見地からながめると、今までのように〝外圧への順応〟によって西洋の近代兵器、兵制を取り入れ、旧来の貧弱な軍事力に代えるということから、さらに〝外圧の利用〟へと一歩前進し、西洋近代国

横須賀製鉄所全景（1867年〈慶応３〉、『横須賀海軍船廠史』より）

家をモデルとして、その先進的な工業力、文明力を積極的に利用して富国強兵の実をあげることに乗り出したことを意味するのである。

しかし、このような外圧の積極的利用のもとに富国強兵を図るということは、封建的な社会体制、経済組織では実は不可能なことであった。すでに述べた横須賀製鉄所の建設を決めた時（元治一）、老中はロッシュ公使を招いてその莫大な経費について相談したことがあった。

その時、ロッシュは「製鉄所の設立は日本全国の富国を図るためであるから、諸藩にその経費を課したらどうか」と提議したのに対して、老中は「今や支出多端のおりから、製鉄所の設立費一〇〇万ドルを支出するのは、幕府としても容易のことではない」と嘆き、「まことに貴説の通りであるが、残念ながら目下のわが国の

制度がこれを許さない。どうしても幕府ひとりその費用を負担しなければならない」と答えたのである。(11)

したがって外国の圧力に対抗するため、その外国の力を逆に利用して日本の富国強兵を図ろうと思えば、封建体制そのものをみずから否定するよりほかに道はなかったのである。さきに少し述べたように、小栗一派がフランスと結んでその援助を得て、まず長州藩、ついで薩摩藩をつぶして封建制度を破り、新たに幕府権力のもとに西洋流の郡県制（絶対主義国家）を樹立し、日本を一団として資本主義的先進諸国に対抗する計画さえ生じたのである。

そしてこのような幕府の計画が着々と進んだため、薩長両藩は提携して武力倒幕へ踏み切ったのである。やがて京都朝廷側で王政復古を画策していた岩倉具視《ともみ》との結びつきが、土佐藩の志士坂本龍馬、中岡慎太郎の仲介ででき上がり、幕末の政局は最後の段階を迎えたのである。坂本は薩長両藩に武力倒幕を勧めながら、一方では平和裡に王政復古を図ろうと土佐藩から大政奉還を将軍慶喜に建白させたため、一八六七年（慶応三）一〇月、倒幕の密勅が薩長両藩に下ったが、ちょうどその翌日に将軍慶喜の大政奉還となった。

こうして一八六八年一月三日（慶応三年一二月九日）王政復古が実現して、幕府に代わって明治新政府が成立したのである。幕府崩壊の原因はいろいろあげることができる。そのなかで外国側に促進された事情もあるが、ともかく外圧に順応し、さらに積極的に外国の文明力を利用しようと試みて、財政窮乏にいっそうの拍車をかけたことも有力な要因である。幕府は世界史の流れに巻き込まれて倒れたけれども、その困難な政治・経済上の条件下に西洋の物質文明を取り入れることに鋭意努力し、明治日本の建設の先駆として、その試験的準備を行なった遺業は、正当に評価されてよいであろう。

横須賀製鉄所設置の英断に出た小栗上野介が、当時栗本安芸守《あきのかみ》（鋤雲《じょううん》）に向かって「たとえ徳川氏がその幕府に〝のし〟を付けて他人に贈るようなことがあっても、土蔵つきの売家であるのは痛快ではないか」といったということである。(12)明治新政府は事実、幕府の遺産としてこれらの土蔵つき売家を譲り受けたものである。明治日本の建設における諸政策のうち幾分かが、上に述べてきたように攘夷の論が盛んであったにかかわらず実際上開国の方向に進んだ幕末においてすでに萌芽を有し、また多少とも実行されていたことは注目すべき点であろう。

注

（1）『福翁自伝』（岩波文庫）一三三―一三九、一六一―一六二ページ。
（2）英語教育発祥百年記念事業委員会『長崎における英語教育百年史』（昭和三四年）。
（3）『鹿児島県史』第三巻七四―七七ページ、『本邦綿糸紡績史』第一巻三四―三九ページ。
（4）三枝博音ほか『近代日本産業技術の西欧化』（昭和三五年）六〇ページ。
（5）『横須賀海軍船廠史』第一巻（自元治元年紀、至明治六年紀）七五―七八ページ。
（6）大塚武松「仏国公使レオン・ロッシュの政策及び行動」『幕末外交史の研究』（昭和二七年）。
（7）大塚武松「幕府の仏国軍事教官の招聘」（右同書）。
（8）勝海舟『陸軍歴史』（海舟全集、第七巻）三一九ページ。
（9）渡辺修二郎「本邦陸軍発展の端緒と維新外交の裏面」『近世叢談』一六〇―一六一ページ。
（10）大塚武松「仏国公使レオン・ロッシュの政策及び行動」、前掲書二六五ページ。
（11）大山敷太郎「幕末の財政紊乱」日本経済研究所編『幕末経済史研究』（昭和一〇年）二九四ページ。
（12）福地源一郎「小栗上野介」『幕末政治家』（明治三九年）二六六ページ。

第二章　功績を残した人びと

1　王政復古から明治維新の変革へ

尊王開国派の指導者たち

王政復古によって諸藩を超越した人材本位の中央政府として明治新政府が生まれた。もともと薩長の武力倒幕運動の指導者たちの間には、倒幕ののちにいかなる政治体制を樹立するかについて必ずしも明確な構想があったわけではなかった。したがって、この新政府は、岩倉具視が強大な外国勢力に対抗して日本の独立を守るために、かねてから「皇国六十余州をもって一個の皇城となし」、朝廷、幕府、諸藩から人材を挙用して国政を一新しようと構想していたのが実現した結果であった。

しかし新政府に対する不信、不満が一般に強かった。というのは、ひろく新政府が薩長二藩の陰謀によってできたと考えられており、他方では依然として攘夷的風潮が強く、新政府が攘夷を行なうものと期待していたのに、それを裏切り、五ヵ条の御誓文を発して内は公議世論を尊重するとともに、外は攘夷から開国和親へ政策を転換し、世界の先進文化を摂取することを表明したからである。

幕末以来、尊王攘夷・倒幕運動に参加した一般志士、薩長における一般武士階級は、「尊王攘夷」の額面通りの意識をもって行動し、幕府を倒したことで大政一新は完成したと考え、その功労を誇って新政府に特別待遇を要求したほどであった。このような意識とは全く対照的に行動したのが岩倉具視をはじめ、薩長両藩の代表者というかたちで新政府の実権を握った政治指導者たちであった。かれらは、「尊王攘夷」の標語を倒幕の手段として用いたにすぎず、その本質は「尊王開国」派であったので、王政復古をもってむしろ日本の近代国家統一の出発点と考えていたのである。

かれらの中でも、とくに将来の企画に努めたのは、長州藩出身の木戸孝允《たかよし》で、かれは同藩の先輩大村益次郎やイギリス留学の経験をもつ後輩の伊藤博文、井上馨らから海外知識を吸収して深く国家の将来に思いをはせ、封建的割拠体制を時代遅れと感じていた。そこでかれは急進的進歩主義の立場をとり、五ヵ条の御誓文に先立つ一八六八年（明治一）二月、封建的政治体制を打破する前提として諸藩の版籍（土地と人民）奉還を実行すべきことを建言した。だが岩倉らが事情が外部にもれることを恐れ

明治新政府の指導者たち　左から木戸孝允、山口尚芳、岩倉具視、伊藤博文、大久保利通。

たため見送りとなった。

木戸に続いて同じ長州藩の伊藤も、同年一一月および翌六九年正月に、版籍奉還、国是綱目の建白を行なって公然と廃藩論を唱えたところ、政府の内外から猛烈な反対が起こって、岩倉から自重するよう忠告を受けた。このように木戸、伊藤らは、新政府における特異な少数者的存在であって、政府内部の大多数は消極的保守主義者ばかりであった。新政府自体、封建社会の変革をめざして成立したものでもなければ、またその変革に乗り出そうとする政権でもなく、全体として保守的、反動的な性格をもっていた。しかし木戸、伊藤の動きに見られるように、王政復古という政治変革の成立の後には社会変革への動きが胎動した。

王制維新論と近代官僚群

一八六九年（明治二）に入って、太政官の上に神祇官がおかれ、祭政一致の方針が打ち出されるなど、政府内外の保守反動の気運が増大した。このため、木戸以下の進歩主義者らは、国家の前途を憂慮し、断然「王政復古」論者と訣別して「王政維新」論の立場に立って近代化政策に乗り出した。大隈重信は、当時の模様について、『大隈伯昔日譚』に「当時木戸は旧物を破壊し万事改革を行なう〝王政維新〟の論を抱いたので進歩主義者はみな木戸を頼ってその志を遂げようとし、保守主義者は大久保を擁して大宝令《たいほうりよう》の昔にかえろうとする〝王政復古〟の説に傾いて対立するようになった」と記している。

そのころ、大久保利通《としみち》は木戸の急進性に反対して、漸進的な改革の立場をとっていた。こうして明治二年から三年にかけて、新しく政府内部に「王政維新」論に立って社会変革をめざす社会的勢力が生まれた。「王政復古」と「王政維新」とは時期的に重なり合った歴史過程ではあるけれども、それぞれの主導力の性格は質的に異なっていて、この相違を見のがすことはできない。「明治維新」という歴史概念において社会変革を意味させるのであれば、厳密にはこの「王政維新」の変革をさしていわなければならないのである。

すなわち、日本が外国に対抗して独立を維持するためには、幕府を倒して王政復古を実現しただけで満足すべきではなく、進んで政治的・社会的・経済的体制を近代化しなければならないと意識したのが「王政維新」論者であった。かれらはいずれも外国留学や洋学の研究を通じて、欧米先進諸国の政治、経済、社会の実情を知り、またそれによって幕末以来の兵制改革、兵器製造などを通じて露呈した封建的組織の限界をよく意識していた。したがってかれらは、外圧というものが単なる貿易の要求や兵器の優秀性などにとどまらず、実は産業革命を経た西洋近代国家のもつ資本主義の社会体制の力であり、またそれにもとづく近代軍事力であることを認識した封建武士階級中のごく少数の新知識人であり、「近代官僚」というにふさわしい人々であった。

かれらは、このような実力をそなえた先進諸国の圧迫から日本の国家的独立を守るためには、先進諸国をモデルとして富国強兵の近代国家へ日本を急速に仕立て上げる必要があると考えた。そこで精神上においては外国に求めるところはないが、いちじるしく遜色のある物質上の実力を備えるためには、西洋文明の長所である諸制度、科学、技術などを移入しなければならないと考えたものである。

近代的性格をもつ富国強兵策

幕末以来、富国強兵が叫ばれてきたが、明治に入ってからは封建体制下における勤倹尚武、あるいは国産奨励、武備充実などといった性質のものとは全く異なった性格を持ってきた。すなわち、「王政維新」論者を新支配勢力とした新政府の富国強兵政策は、一面では封建制社会経済組織を打破して、西洋先進諸国の資本主義体制を導入、創出し、他面では封建制社会の中核であった封建武士団を解体して、新しい近代軍隊を創設するという積極的な近代的性格、社会変革性をもつものとして発生し、展開したのである。

近代的富国策推進の社会勢力は、大隈重信以下の大蔵省官僚群で、長州藩から伊藤博文、井上馨、山尾庸三ら、薩摩藩から五代友厚、上野景範《かげのり》、吉田清成《きよなり》ら、佐賀藩からは大隈のほかに山口尚芳《なおよし》、土佐藩から細川潤次郎ら、また旧幕臣から渋沢栄一、前島密《ひそか》らが集まった。かれらはいずれも外国知識を身につけて自藩意識を超越し、他省と全く異なる自由な空気の中で結束して、封建的な社会経済制度を取り除くことに全力をあげたのである(1)。

他方、近代的強兵策推進の社会的勢力は、大村益次郎以下の兵部省の軍事官僚群で、長州藩から山田顕義、岡山藩から原田一道、安芸藩から船越衛《まもる》、柳河《やながわ》藩から曾我祐準《すけのり》らが集まり、大村の没後、長州藩出身の山県有朋《やまがたありとも》がその遺策を継いだのである。とくに大蔵省官僚群は、近代国家の第一の要件を「富国」におき、各方面の変革に乗り出した。渋沢栄一が大蔵省に任官するとき、大隈重信から次のように説得されたと語っている。

「現在の政府当局は、総《すべ》てを新しく建直しているのである。総ての旧套《きゅうとう》を脱して悉《ことごと》く新しく生み出さなければならぬ時代であるから一人でも多くの人材を必要とするのである。君は大蔵省の仕事に対しては何等の経験もないというが、その点については、この大隈にしても全然無経験であり、伊藤小輔（博文）とても同様である。今日の状態を例《たと》えて云えば、わが国の神代時代に八百万《やおよろず》の神々が集《つど》うて御相談をせられ、もろもろの施設をされたと同様の訳で、衆知を集めて新しい政治を行なおうとする場合なのである。君は幸いフランスにも洋行したし、ヨーロッパの各地の状態も視察しており、財政上の知識にも長じているから、このさいぜひ中央政府に入って、創成時代の建直しに尽力してもらわなければならぬ。(2)」

大隈のいうように新日本の建設に当たって、何から手をつけてよいかわからないというのが実情であった。そこでかれらは、近代化政策を推進するに当たって、すでに幕末、幕府が行なっていたように、多くの外国人を招聘《しょうへい》せざるをえなかった。西洋文明の発展度から、いちじるしく遅れている後進国日本としては、外国人の指導、援助を受けるよりほかに、急速にその政策を推進させる方法がなかった。近代化の及んだ方面は、多方面であり、かつ民間も政府の方針に呼応したので、お雇い外国人はきわめて多数にのぼった。

以下、このようにして行なわれた明治日本の建設にさいしての、お雇い外国人の寄与を各方面について概観することにしよう。限られた紙数のもとでは、主要な各分野で貢献した一、二の人々の活動しか取り上げられず、また各人の伝記的事実の細かい点にまで及ぶこともできないのは残念である。

注

（1）坂田吉雄『明治維新史』（昭和三五年）二三二―二三四ページ。
（2）『渋沢栄一自叙伝』（昭和一二年）二五四―二五五ページ。

2　近代日本建設の父、フルベッキ――政治・法制（Ⅰ）

宣教師として来日

政治上の建設はいつの時代でもきわめて重要であるが、さきに述べた事情から、とくに明治の場合には各方面の建設の中心課題であった。この政治上の建設に最大の貢献をした人物はフルベッキ（Guido Herman Fridolin Verbeck）であろう。かれは実質上、オランダ系アメリカ人であったが、手続きをしなかったために、法規上は無国籍人であった。

フルベッキは、一八三〇年（天保一）オランダのユトレヒト州ゼーストに生まれ、モラビアン派の学校で教育を受けた。オランダの裕福な家庭の子がそうであったように、オランダ、イギリス、フランス、ドイツの四ヵ国語に通ずるように早くから仕込まれた。したがって、かれは四ヵ国語に堪能で、これが政府に重用された有力な一因となった。

一八五二年（嘉永五）卒業後、就職のためにアメリカに渡り、エンジニアとして働いたが、病気にかかったのを契機に牧師を志してニューヨーク州にあるオーバーンの

済美館時代のフルベッキ　1858年（安政５）徳川幕府が長崎に設けた英語伝習所は、その後、英語所、洋学所、さらには済美館と名を変えたが、その間、終始、英語を通した西洋文明吸収の窓口として大きな力を発揮した。また佐賀藩は藩士教育のため、長崎に致遠館を開いた。フルベッキは済美・致遠両校で、大隈重信、伊藤博文、大久保利通ら、のちに明治新政府の人材となった青年たちを教えた。写真は1866年（慶応２）ごろまだ済美館の教師だったフルベッキを囲んで撮った当時の学生の記念写真。

神学校に入学した。一八五九年（安政六）卒業したが、ちょうどそのころオランダ改革派教会の海外伝道局が日本に布教団を設けようとしていた。かれはその宣教師となって同年一一月来日し、長崎で布教のかたわら、さきに述べた長崎英語伝習所の後身、済《せい》美《び》館《かん》と、一八六五年（慶応一）佐賀藩が長崎に設けた致遠館に招かれて、英語、政治、経済、理学などを教えた。この長崎における門下生に、大隈重信、副島種臣《そえじまたねおみ》、江藤新平、大木喬任《たかとう》、伊藤博文、大久保利通、加藤弘之、辻新次、杉亨二《こうじ》、細川潤次郎、横井小楠ら、後年、明治新政府の高官、指導的人物が輩出した。

フルベッキは一八六九年（明治二）三九歳の時、元佐賀藩主で新政府の要職にあった鍋島閑叟《かんそう》（直正）の建議や、かつての門下生で政府の重要なポストについていた大隈らが今や近代化政策推進のために外国人顧問を求めていたので、かれらの推挙で政府顧問として長崎から東京へ招聘された。かれは同年四月から開成学校（のち大学南校）の語学、学術の教師となり、同時に公議所（のち集議院）に列席し、当時の最高立法機関の諮問に応じた。七二年（明治五）九月から翌年九月まで大学南校の後身、第一大学区第一番中学校（のち開成学校）の教頭となり、同校退職後、改めて法律顧問として正院（明治初期の内閣）の翻訳局と左院（立法府）とに出仕した。七五年（明治八）左院廃止によって、その後身、元老院へ転勤した。七七年ころを画期として各分野、各学科についてそれぞれ専門のお雇い外国人が多数来日することになったので、かれは従来の政府顧問の地位をこれらの専攻の人々に譲ってもとの宣教師にもどり、聖書の翻訳や伝道に力を注いだのである。

遣外使節の生みの親

フルベッキが政治上の建設にいちじるしく貢献した時期は、とくに明治初期四、五年間で、政府の最高顧問として近代化政策推進の枢機に参画した。

かれはあらゆる施策に関与し、重大な諸献策を行なったが、とりわけ特筆すべきことは、欧米への遣外使節派遣のことである。一八六九年（明治二）六月一一日、かれは大隈（当時会計官副知事）あてに欧米遣外使節を進言し、その組織、旅程、人員、目的、調査方法についての建白書を提出した。これは大隈らからの遣外使節についての相談に答えたものである。かれはすでに岩倉、木戸、大久保、大隈らの間で封建制廃止の計画があるのを知って、日本の近代化のために使節派遣を進言したのである。かれがそれに積極的であった有力な動機として使節の外国行によって日本におけるキリスト教の禁止が解かれ――あるいは少なくともその日が近づくことを大いに期待していたことがあげられる。しかし、当時まだ攘夷思想が強く残存し、保守反動の空気が強かったため、大隈は一時フルベッキの建白書を時期尚早として秘蔵するに至ったものである。

ところで、一八七一年（明治四）七月、廃藩置県の断行をみるに至った。廃藩のことはすでに早くから木戸、伊藤の構想にあったように王政維新の変革の重大目標であったが、大蔵省官僚の進歩政策に反対する西郷隆盛が政府に入ったことがひとつのきつかけとなった。大蔵官僚群は西郷らの入閣によって、近代化の事業が水泡に帰することを憂え、また西郷がいたずらに無能の人物を推挙したところから、その政治能力に依拠できないことを確信した。かれらは山県有朋らの近代的軍事官僚群とともに、断然西郷を退けようと考え、むしろ進んで西郷と衝突することが近道であると決心するようになった。まず木戸、大久保が廃藩に賛成し、当たって砕ける手段をとったところ、意外にも西郷が同意したため、急に断行されたものであった。

このように封建的政治体制が変革されたので、いよいよ遣外使節のことが日程にあがり、岩倉、大隈の間でさきのフルベッキの建白書のことが問題となるに至った。早稲田大学社会科学研究所所蔵の大隈文書中には、同年九月五日付けで、大隈参議あてに岩倉がフルベッキの条約改定建白書が大蔵省にあれば至急に見たいからと回付を頼んだ書簡がある。(1)なお、岩倉は、同年九月一三日、フルベッキの来訪を求めて二年前の意見書を思い出して自分に教えてほしいと頼んだ。そこでフルベッキは手許の文書を逐一調べることを約束し、三日後、岩倉はフルベッキと会い、その調査、意見にもとづいて部下のものにプログラムを作成させたのである。

同年一一月の岩倉大使以下、木戸、大久保、伊藤をはじめ政府の中堅幹部五十余人から成る遣外使節団の組織者は実にフルベッキであった。使節一行の任務は新政府の披露のほか、条約改正の下交渉、ならびに西洋の制度、科学、技術などの実地調査であったが、これらの具体的な方策はフルベッキの献策、助言によるところが実に大きかったのである。歴史上このような大組織の使節派遣は、各国間においても前後に例を見ないもので、いかに明治新政府が近代国家体制の整備に積極的であったかが知られるであろう。この使節一行の一々の成果は、わが国の近代化に大きな影響を与えたもので、その点で使節派遣に高い識見を披瀝し、裏面に活躍したフルベッキが近代日本建設の父と言われるのも過言ではない。

フルベッキ夫妻

高潔な人格で信任を得る

フルベッキが当時新政府の最高指導者であった岩倉から信任を受けていたことは先の叙述からもその一斑が知られるが、グリフィスの伝えるところによると、岩倉はきわめて重大な国策についても諮問したという。またフルベッキの応接室で、岩倉が「有力な諸大名を強圧、服従させる必要があり、そのためには流血をも辞せず断行する考えである」とかれに語っているのをその場に居合わせて聞いたという。これはグリフィスが、一八六九年（明治二）の版籍奉還と二年後の廃藩置県とを混同しているようであるが、岩倉のフルベッキに対する信任の厚かったことがわかるであろう。これはかれが多能多才であっただけでは考えられないところで、お雇い外国人中、きわめて高潔な人格者であったことによるものである。フルベッキは遣外使節に尽力した功を岩倉らに譲り、自らの名声や栄誉を求めず、このことについて予め岩倉との間に暗黙の了解をつけていたのである。

徴兵制を強く主張

フルベッキに関して忘れられているものに近代的強兵政策推進のうえの寄与がある。一八七〇年（明治三）秋、岩倉以下の政府指導者がフルベッキ邸で秘密会議を開き、陸海常備軍の建設、沿岸防備を開始すべきかどうか、また開始するとすれば、その理由を何におくべきかについてフルベッキの判断、意見を求めた。その時、かれは、次のように説いた。

「平和は哲学者たちの夢でありキリスト教徒の希望であるが、人類の歴史は戦争である。日本は目下国家的統一がなく弱体であり、しかもロシア、フランス、イギリスなどのヨーロッパ帝国主義諸国の強大な圧力にさらされているから、危険は現実に存している。したがって自分は沿岸に要塞を作り、国民軍隊を建設するよう諸君に忠告したい。軍隊を訓練しながら青年を教育し、すべての者に進級の道を開くべきである。国民軍隊を建設する理由の第一は、それによってセクショナリズムと身分的特権意識を打破して国家統一と国富の増進を確保できるからであり、第二は愛国心と天皇への忠誠心とを養うことによって国家の独立と保全を維持できるからである(2)。」

このかれの助言によって日本は国民軍隊の建設に踏み切ったのである。当時、壮兵（士族兵）軍隊によるか徴兵（国民兵）軍隊によるかをめぐって議論が分かれ、とくに封建武士意識の強かった薩摩藩では壮兵主義を主張した。同藩出身の大久保も長州藩出身の山県を中心とする徴兵主義に反対し、薩長の分裂が予想されるほどの深刻な政治情勢であった。このような情勢を背景として、右の秘密会議が開かれたのであって、岩倉らはフルベッキの言に勇気と確信とを得て、断然徴兵主義をとり、その難局を乗り切ったことがわかるのである。わが陸軍のフランス式、海軍のイギリス式採用の公式決定は、一八七〇年（明治三）一〇月二日太政官布告第六四九によってなされた。

「学制」制定に大きな役割

なお、最後に付け加えておかなければならないのは、一八七二年（明治五）の「学制」制定についてである。新政府は近代的富国策の展開と呼応して文明開化政策をとり、ひろく一般人民の意識を啓蒙して近代市民を育成するため近代的教育政策を重要視した。その最初の所産が「学制」であり、日本の近代教育の出発点であった。フルベッキは当時大学南校の教師であったが、その実は政府の教育顧問として学校制度の諮問にも応じていた。大隈はかれが「学制」制定を建白した一人であると明言している[3]。以上のようにフルベッキは、明治初頭における政府顧問として輝かしい業績を残し、その近代化政策を軌道に乗せる役割を果したのである。

注

（1） 以上、フルベッキについては、尾形裕康「近代日本建設の父フルベッキ博士」早稲田大学社会科学研究所「社会科学討究」第七巻第一号（昭和三六年）参照。

（2）以上、フルベッキについては、W. E. Griffis, Verbeck of Japan (Fleming H. Revell Co., 1900) pp. 188; 198-199; 255-276. W. E. Griffis, The Mikado――Institution and Person (Princeton University Press, 1915) pp. 171-172.
（3）尾形前掲論文。

3　民・刑法の基礎作り、ボアソナード――政治・法制（II）

若きブスケに代わり来日

次に法制方面に移ろう。さきに述べた政治上の建設には、近代法治国家体制の樹立、法令制度の制定や運用が必ず伴うものである。とくに新政府は幕末以来の不平等条約から一日も早く免れるために、早くから近代的法典の編纂《へんさん》、とりわけ民法典の編纂を急いだ。

わが国最初の民法編纂事業は一八七〇年（明治三）秋以来、佐賀藩出身の江藤新平（のち初代司法卿）を中心に太政官の制度局で始まった。これよりさき、当時世界で最も完備した成文法とされていたフランス法典が日本に入っていて、この法典の翻訳を幕末の蘭学者箕作阮甫《みつくりげんぽ》の孫に当たる箕作麟祥《みつくりりんしょう》（蕃書調所出身、滞仏二ヵ年、新政府の外国官一等訳官、のち翻訳局長）に命じ、その箕作の翻訳にもとづいて民法編纂事業が進められた。当時、江藤は「誤訳もまた妨げず、速訳せよ」と拙速主義をとっていたといわれ、また箕作が「ドロワ、シビル」という語を「民権」と訳して、「民に権ありとは何たる事だ」というような議論が起こり、江藤の弁明でやっと会議を通ったこともあったという。箕作は、法典中に疑問があると、フルベッキのところへ持って行って質《ただ》したが、かれは専門の法律家ではなかったので要領をえなかった。そのため困って自らフランスに行って取り調べをしたいと江藤に申し出たが、江藤は「一人をかの地に派遣して調査させるよりは、むしろかの地から法律家を招聘《しょうへい》して箕作の質問に答えさせ、かたわら学生を募って教授させるのが一挙両得である」という意見であった。

こうして一八七二年（明治五）二月、フランスからパリで代言人（弁護士）をしていた法学士ブスケ（George Hilaire Bousquet）が二六歳の若さで来日した。かれは司法省明法寮（のち司法省法学校）の教師として生徒に教えるとともに、一部分とはいえ、日本民法草案を起草した。ブスケの滞日期間は約四年で、一八七六年（明治九）五月に帰国したが、当時未開の法制面、法学界に顧問としての役割を十分に果たしたものであった。

自然法学説の移植に貢献

ブスケに代わり、長期にわたって法制の整備に大きな貢献をしたのがフランス人ボアソナード（Gustave Emil Boissonade de Fontarabie）である。かれは一八二五年（文政八）パリの郊外ヴァンセンヌに生まれ、パリ大学で古典学、法律学を研究し、一八五二年法学博士となった。その後グルノーブル大学で教えていたが、一八七三年（明治六）時の駐仏公使鮫島尚信の依頼によって、日本留学生のために法律学を講義したのが機縁となり、同年末司法省（のち内閣）雇として来日した。かれの寄与のまず第一は、司法省法学校において、幾多のすぐれた法学者を育成し、法学教育、司法制度発展の基礎を固めたことである。司法省法学校の第一期卒業は一八七六年（明治九）夏であるが、その中には井上正一、栗塚省《せい》吾《ご》、木下広次《ひろじ》、磯部四郎、井上操らがあり合計二五名であった。同校は一八八四

ボアソナード

年（明治一七）第三・第四期時代に文部省へ移管となり、翌年東京大学法学部へ合併された。(1)ボアソナードは一八七四年（明治七）四月、同校において自然法の原理を説き、民法、刑法をフランス語で講義した。聴講者の一人、井上操が講義を筆記して訳出した『性法講義』によると、ボアソナードは次のような趣旨を述べている。

「自分はまだ制定法のない日本において、諸君に世界をあげて遵奉《じゅんぽう》している法律の大要基本を教えたい。それはフランス語でドロアー・ナチュレールといい、日本語で自然法というものである（余はこれを性法と訳す。性はすなわち天命自然ということである）。自然法とは自然の形状にて生活する人の法すなわち禽獣のように独《ひと》りその親族とだけ生活する人の法という意味ではない（性法の訳字に従うときはこのような疑いはない）。この形状はけっして人の自然の形状ということができない。およそ人はその同類とともに生活すべきものであるから、必ず社会を結び衆人相集まって互いに交通する。（中略）これすなわち人の自然の形状である。」

これによると、ボアソナード自身の訳語は自然法であったと思われるが、訳者が、ボアソナードのいう自然が動物的自然の意味でなく、理性に従う人間生活を意味するので、従来の慣用語に従って「性法」と訳したもののようである。この簡潔な自然法学説は、当時の日本人の儒教主義的合理主義にたやすく受け入れられるとともに、一方では封建的な法観念を打ち破り資本主義社会の形成に適合したものである。(2)

この点において、かれは日本に自然法学説を移植するのに最も貢献があった人といわなければならない。かれの受講生の一人、加太邦憲《かぶとくにのり》は次のように述べている。

「ボアソナードは多年本国で教授をしていた経験があるうえに、大家であったから、教場に臨むのに一冊の法律書を携帯することなく、素手《すで》で来て、前日に講義した末尾の一項を学生に尋ね、その続きを講義するというふうで、その深い学識と豊富な話題から、時には秩序なく横道に入り、ついに本道へ戻らないこともあって、初学者には了解しにくかった。それは学士以上の大体法律に通じている者に聴かせる方法であったから、われわれは困った。これに反してブスケは年も若く、学問もまだ深くなかったので、あらかじめ講義の事項を調べ、覚え書を作って講義したので秩序があって初学者にも理解しやすかった。もしブスケの一年有半の薫陶がなかったら、とてもボアソナードの講義は自分らには理解することができなかったであろう。したがってブスケに遅れてボアソナードの来日したのは、われわれにとって大幸福なことであった。(3)」

拷問制廃止に異常な熱意

次に第二は、いうまでもなく立法事業における寄与である。一八八二年（明治一五）一月一日より、治罪法（のちの刑事訴訟法）、刑法（いわゆる旧刑法）が施行された。これらはともにわが国最初の近代的法典として法制史上重要な意義をもつものであった。両法の編纂は、一八七六年（明治九）ごろ相前後して司法省で着手されたが、ともにボアソナードが原案起草に当たったものである。かれはフランス治罪法を中心に諸国の法を参照して、「日本帝国刑事手続法書草案」を脱稿した。また一方、フランス刑法を模範として「日本帝国刑法草案」を作成し、これらのボアソナード草案が、それぞれ翻訳、審査をへ、若干の修正を見たうえで実施されたのである。

ここに述べておかなければならないのは、拷問《ごうもん》廃止に対するかれの貢献である。かれは一八七五年（明治八）司法省法学校へ授業に行く途中、たまたま裁判所内で拷問が行なわれている現状を目撃し、非常に痛嘆してひどく取り乱した。そして「拷問廃止意見書」を政府に出し、また法学校生徒その他に廃止を力説して世論に訴え、ついに封建時代よりの積弊であった拷問制度を抹殺してしまった。翌七六年六月一〇日太

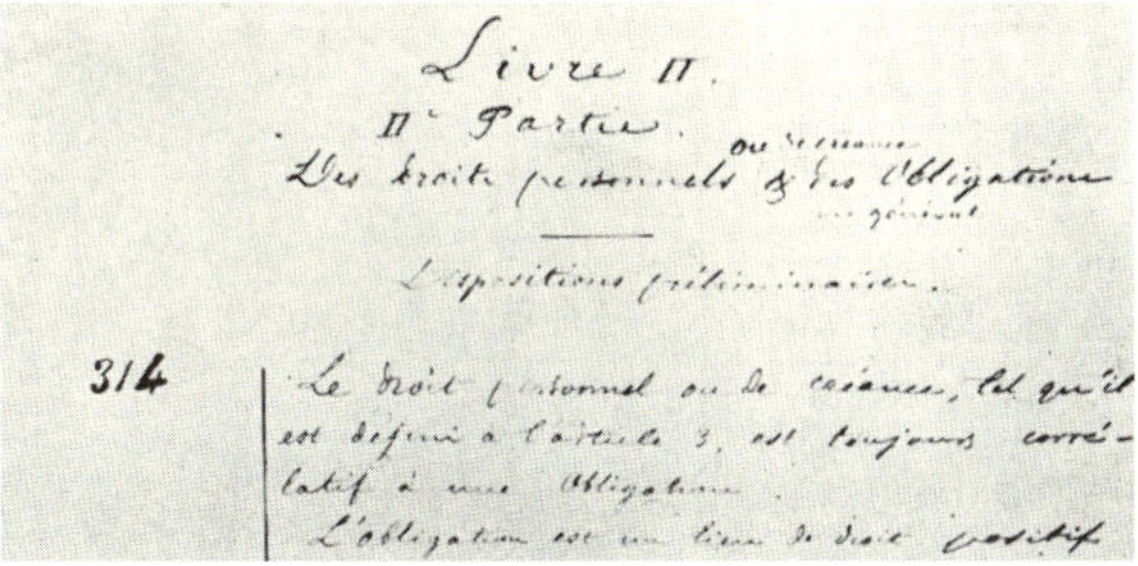

ボアソナード教授の筆跡（民法草案）

政官布告の断罪依証律はその現われである。[4]

民法草案と法典論争

以上は公法的分野に属するが、私法の面では民法草案の起草に当たり大きな業績を残した。一八八〇年（明治一三）より司法卿大木喬任を総裁として民法編纂局が発足し、ボアソナードは財産篇より起草して同篇の第一部物権三一三条および第二部人権（債権）二八七条の草案を作った。これが有名な「ボアソナード日本民法草案」と呼ばれるものである。なお、かれは担保篇、証拠篇をも起草した。これらの諸篇は委員会の審査をへて内閣へ提出され、元老院、枢密院の議をへて、一八九〇年（明治二三）四月、民法中、財産篇、財産取得篇、債権担保篇、証拠篇として公布され、九三年（明治二六）より施行すべきことが決まった。

ところで、人事篇・財産取得篇（続）もやはりボアソナードが草案作成に関与したらしく、両草案ともフランス民法など西欧の近代民法を参酌した非常に進歩的な性格をもつものであった(5)。この二篇は法律取調委員会および元老院で保守的に修正され、さきの諸篇に半年遅れて一〇月公布された。このようにして公布された民法（旧民法）がいわゆる法典論争を引き起こしたもので、一八九一年（明治二四）には穂積《ほづみ》八束《やつか》の「民法出デテ忠孝亡ブ」という有名な論文が出たほどであった。これはとくに、わが国特有の家族制度に関係するところが深い人事篇（親族関係）、財産取得篇（続）（相続、遺贈、夫婦財産契約関係）が保守派からみると、元老院でかなり保守的に修正されたとはいえ、なおかつ進歩的過ぎるものと考えられたことが有力な原因の一つであった。とにかく、ボアソナードが日本民法の基礎を樹立した功績は大きい。

条約改正に有益な助言

第三は、条約改正史上に貢献したことである。条約改正のことは明治新政府の樹立早々からの懸案で、歴代外相が改正交渉に努力したが、一八八七年（明治二〇）井上馨外相は、内地を開放し、法権については外国人司法官を任用して外国人も日本の法権に服するという案をもって、列国の同意を得るところまでこぎつけていた。ボアソナードはこの井上案に対して、政府の法律顧問として反対意見書を政府に提出して大要を次のように説いた。

「外国人司法官を任用するときは、日本人は外国人の裁判官によって裁判を受け、外国語で訴訟しなければならず、そうなれば天皇の名において行なう日本の裁判所でなくなり、不当である。維新後日本は多くの外国人を雇っているが、それは陸軍、海軍、行政、教育いずれの方面でも、雇い外国人または教師、顧問であって、官職につき官権の行使を許していないのに、最も重大な官権である司法権を委任するのは不当である。こうした日本の利益、面目を損じる井上案は、かえって国民の反対を受け、外国の干渉を招くであろう。(6)」

このボアソナードの意見を契機に、政府内外の井上案に対する反対運動が激化し、ついに井上は引責辞職した。かれが日本人以上に日本の将来を憂えて注意を喚起したことによって、わが国は重大な外交的失敗を免れたのであった。

以上のごとく、ボアソナードは、足かけ二三年に及ぶ永い期間に、かずかずの寄与を残しながらも、自らの起草した旧民法が施行を延期され、不採用となったため、一八九五年（明治二八）しょんぼりと故国へ帰って行った。ときに老齢七〇歳であった。日本の法学界に大きな貢献をしたかれは、一九一〇年（明治四三）六月二七日、故国フランスのアンチーブで八五年の輝かしい生涯を閉じた。(7)

注

（1）以上、手塚豊「明治初年の民法編纂」「司法資料」別冊第二一冊（昭和一九年）、同「明治法制史上に於けるヂュ・ブスケとブスケ」「明治文化」第一五巻第一二号（昭和一七年）、大槻文彦『箕作麟祥伝』（明治四〇年）八八―九〇ページ、『加太邦憲自歴譜』（昭和六年）八七―八九ページ。

（2）田中耕太郎「ボアッソナードの法律哲学特に其の自然法思想に就て」『杉山教授還暦祝賀記念論文集』（昭和一七年）所収論文、および開国百年記念文化事業会編『明治文化史』第五巻学術篇五五八ページ。

（3）前掲『加太邦憲自歴譜』一〇一―一〇二ページ。

（4）風早八十二「性法講義解題」『明治文化全集』第八巻法律篇解題二五ページ。

（5）前掲『明治文化史』第二巻法制篇五一一―五一七ページ。

（6）下村富士男「条約改正」『近代社会』（新日本史大系第六巻）八一―八二ページ。

（7）東京ボアソナード教授記念事業発起人委員会ほか編『ボアソナード先生功績記念』（昭和一〇年）、岡野他家夫「ボアソナード博士について」洋々社発行「近代日本文化5」（昭和二九年）参照。

4　憲法の生みの親、ロエスレル――政治・法制（Ⅲ）

ドイツへの傾斜を反映

次に公法の方面、とりわけ国家の根本法である憲法の制定に重大な寄与をなしたドイツ人ロエスレル（レースレル）について述べよう。ロエスレルは、一八三四年（天保五）バイエルン上部フランケンのプレークニッツ河畔ラウフにバイエルン控訴院弁護士の一人息子として生まれた。ギムナジウム卒業後、一八五二年から五六年にかけて、エルランゲン、ミュンヘン、チュービンゲンの諸大学で法学および国家学を学び、六一年には二七歳の若さで、ローシュトック大学の国家学正教授に招かれた。その後かれの関心は、経済、社会、法の発達の関連を研究することに傾き、一八七一年には『アダム・スミスによる国民経済学の基礎理論』、つづいて『社会行政法』二巻（一八七二―七三）の著書を出して学界における指導的地位を確立していった。

わが国では岩倉大使一行の帰国後、政府部内の木戸、大久保、伊藤らを中心に、世界の大勢として立憲政治の採用が考慮され、一八七五年（明治八）には、漸進的に立憲政体を樹立するという詔書が出された。翌七六年、外務省はこれまで公法顧問であったアメリカ人スミスの満期帰国に伴ない、後任者の物色を当時の駐独公使青木周蔵に託していた。そこで青木公使の周旋で、ロエスレルの招聘が決まり、かれは一八七八年末に家族らとともに来日した。

当時ドイツ学者を雇い入れる方針がとられたことは、岩倉大使一行が渡欧のさい、岩倉ら政府首脳部はドイツ、とくにプロシアに多くを学ぶべきことを認識しており、しだいに政府内部にドイツへの傾斜が強まっていたことの反映であった。

憲法草案に貴重な示唆

ロエスレルは来日してから三年後の一八八一年（明治一四）にはすでに外務省の一顧問として止まっていなかった。それは井上毅《こわし》から極めて重大な憲法の理論的諸問題についての諮問が開始され、それに答議しなければならなかったからである。一八八一年という年は、明治政治史にとって、いやむしろ日本近代政治史にとって決定的な年であった。それは大隈重信を中心とするイギリス流の議会政治の主張と、岩倉具視、伊藤博文、井上毅らのプロシア憲法を模範とすべしという保守派の主張とが真っ向うから対立し、ついに大隈が政府から締め出されて憲法制定の方針が保守派の線に落ち着いたのである（明治十四年の政変）。同年七月上奏された岩倉の憲法建議は、憲法制定の根本方針をプロシア的立憲主義とすることに決定したものである。

その建議の内容をなす「大綱領」、「綱領」、「意見」は、いずれも岩倉幕下の智将であった井上毅の調査、執筆になるものであるが、井上の背後には、かれの憲法学の師というべきロエスレルがいて、井上自身はロエスレルの答議、指導にもとづいて意見をまとめ上げたものであった。岩倉の憲法制定方針は、君権主義・欽定憲法主義であり、この擁護、強化のために、反政党内閣、統帥権独立主義、天皇大権の広範な権限、議会からの法律発案権剝奪《はくだつ》、前年度予算執行主義などを採用すべきことを論じたが、これらはことごとくロエスレルより発している。このことは、今日残っている当時の井上とロエスレルとの討議の明らかに示すところである。[1]

ロエスレル

なお、憲法草案の起草は、一八八七年（明治二〇）夏より、伊藤博文以下、井上毅、伊東巳代治《みよじ》、金子堅太郎らが伊藤の別邸のあった夏島（現・神奈川県横須賀市夏島町）に引きこもって、誰も寄せつけず極秘のうちに行なわれた。しかしロエスレルだけがここに呼ばれ、島の近くのある仏寺に宿泊した

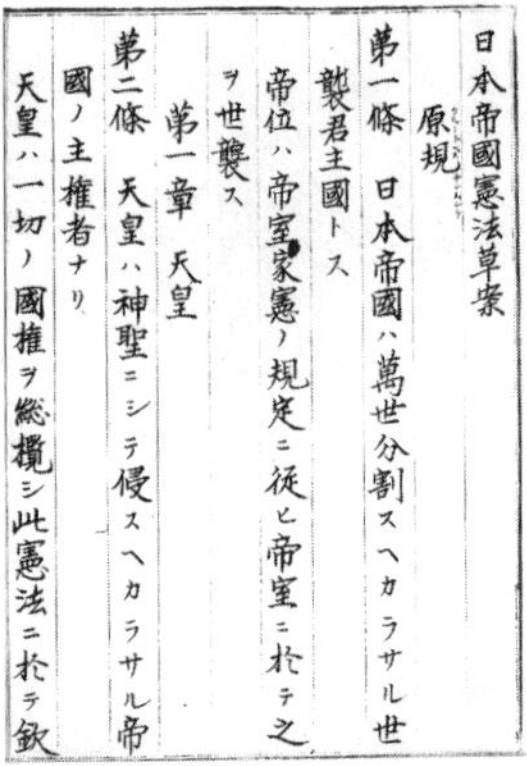
日本帝國憲法草案
原規
第一條　日本帝國ハ萬世分割スヘカラサル世襲君主國トス
帝位ハ帝室家憲ノ規定ニ従ヒ帝室ニ於テ之ヲ世襲ス
第一章　天皇
第二條　天皇ハ神聖ニシテ侵スヘカラサル帝國ノ主權者ナリ
天皇ハ一切ノ國權ヲ總攬シ此憲法ニ於テ欽

ロエスレルの「日本帝国憲法草案」(国会図書館蔵)

のである。かれはすでに同年四月脱稿した「日本帝国憲法草案」を提出していた。このロエスレルの草案は、伊藤博文がとくに熱心に参照し、井上毅案の修正にさいしてこれに拠《よ》り、いわゆる夏島修正案を作った。ここに取り入れられた井上案に見られなかった諸規定の多くはロエスレル草案の示唆や例示によって生まれたのである。

神話的表現を強く批判

こうして夏島修正案を基礎として修正、公布された大日本帝国憲法(明治憲法)は、内容、構成、条文の形態においてロエスレルの提案をほとんどといってよいほど受け入れたものであった。したがって憲法そのものの完成に即していえば、ロエスレルの寄与は絶大であったといわなければならない。ただ今日では、明治憲法は旧憲法であり、その外見的な立憲主義のゆえに批判され、ロエスレルの評価も揺らぐのであるが、これについては、かれが明治憲法の第一条条文の「大日本帝国ハ万世一系ノ天皇コレヲ統治ス」という神話的表現に強く反対し、「日本帝国ハ万世分割スヘカラサル世襲君主国トス」と提案していた事実を知って考え直さなければならないであろう。この第一条についてのロエスレルの意見は、長期にわたって公開されず、公刊の伊藤博文秘書類纂『憲法資料』下巻にもそれに関する四五八字が省略されていた。(2)

この省略文言には「言少ク不祥《ふしょう》ニ渉《わた》ルノ憚《はばかり》ナキニアラスト雖モ今後幾百千年ノ後マデ皇統ノ連綿タルベキヤハ何人モ予知シ能ハザル所ナリ。然ルニ此ノ如ク漠然万世一系ト云フハ頗ル過大ノ称タルヲ免レス（中略）唯ダ漠然タル文字ヲ憲法ノ首条ニ置キ以テ天下ノ論難ヲ招クハ万々得策ニアラザルコトヲ忠告セント欲ス」とあった。もちろんこの意見は採用されなかった。それは井上毅が古い神話的伝承にもとづく国体をヨーロッパ的な立憲制によって粉飾しようとしていたからであり、この重大な一点において井上はロエスレルの忠実な弟子でなかったからである。まことに「皇室の永遠性を憲法にうたうことに反対したのは、ロエスレル唯一人であった。自由主義の立場からの草案でさえも、大半はこの条文を含んでいたのである。かれがあえてこのような批判をなしえたという事実は、かれの声望がなみなみでなかったことを物語るものであろう。(3)」

ロエスレルは、かれの関与した憲法も発布され、また他面一八八一年（明治一四）以来、起草に心血を注いだ商法草案も八四年に完成し、九〇年（明治二三）には公布されたので、一足さきに日本を離れた妻子の住むオーストリアに向かって帰国の途に上った。時に、一八九三年（明治二六）四月で、すでに健康を害していたかれは、その翌年一二月、六〇歳でボーツェンに近いコンピル城で逝去した。

注

（1）鈴木安蔵『憲法制定とロエスレル』（昭和一七年）二三—四一ページ、一四一—一五二ページ参照。

（2）これを最初に明らかにしたものは、藤田嗣雄「井上毅の憲法立法への寄与」日本学士院紀要第一二巻第二号（昭和二九年）一一〇—一一一ページである。

（3）ヨハネス・ジーメス「ヘルマン・ロエスラーと日本における独逸国法の採用」上智大学編「ソフィア」第一〇巻第一号九ページより引用。

5　陸軍の建設に貢献、ジュ・ブスケ——軍事・外交（I）

才人「治部助」

軍事面の建設は、近代的強兵策の直接目標であった。さきに政治の項で述べたように、旧封建勢力の反対を退けて、新政府は一八七〇年（明治三）一〇月、陸軍のフランス式、海軍のイギリス式採用を布告し、陸海軍の近代化に着手した。

まず陸軍から述べるにあたって、フランス主義を採用した事情に触れておく必要がある。それは普仏戦争でフランスが敗れ、ドイツに降伏（一八七〇年九月）したにもかかわらず、その直後にフランス主義の採用を布告したからである。

当時陸軍の建設を主宰していた山県有朋は、普仏戦争以前よりドイツを視察し、その陸軍の優秀性を認め、将来ドイツ兵制を採用しようと考えており、事実、戦争はドイツの勝利に帰したにもかかわらず、フランス主義を採用した。その第一の理由は、幕末以来、陸軍はフランス式が行なわれ、故兵部大輔《ひょうぶたいふ》大村益次郎によっても踏襲されており、にわかに改めにくかったこと、第二には、当時まだドイツ語に通ずるものが極めて少なく、たとえ教官を招聘《しょうへい》しても、通訳がえられない状況にあったことが通説として指摘されている。しかし、第三には国際的条件として、当時、日本政府が提議していた横浜駐屯のイギリス、フランス両国軍隊の撤退要求問題に制約されたことがあげられるのである。すなわちわが国は、両国駐屯軍の引き揚げ要求とひきかえに、陸軍はフランス式、海軍はイギリス式の採用決定をはっきりするよう両国から要求されていたのである。

こうした事情で進められたフランス主義による陸軍建設の当初において、最適の顧問、協力者として貢献したのがジュ・ブスケ（Albert Charles Du Bousquet）であった。

ジュ・ブスケ
（林正治氏蔵）

読者が想起されるように、かれは、幕末フランス軍事教官団の一員であった。ジュ・ブスケは、一八三七年（天保八）ベルギーのリエージュに生まれた。父母はフランス人で、成長してからフランスに帰り、兵学校へ入った。卒業後、任官して一八六〇年に英仏連合軍の北京占領に従軍した。帰国後に陸軍中尉に昇進、一八六六年、二九歳で歩兵連隊の司令官となり、翌六七年（慶応三）一月、フランス軍事教官団の一員として来日した。

先に述べたように、教官団解散後、かれはフランス公使館付き通弁官として引き続き在留し、明治初年の日仏外交にも活躍した。かれは単に軍人としてだけでなく、外交官としても活躍できる才識の持ち主であり、来日以来わずかの期間に日本語を身につけ、外交文書に「仏国　治部助」と記したほどで、一面、治部助袴（タッツケ袴風）で有名な存在となっていた。

文民優位の軍制を意図

新政府は、兵式決定を布告した翌月、早くも新制陸軍建設のために、かれに兵部省兵式顧問（のち左院・元老院雇）を依頼し、かれの答議を期待した。これは、すでに外交問題を通じて、かれが政府当局者と深い交渉をもち、また幕末以来の軍事教官としての閲歴と、堪能な日本語とをもって誠実な活動を行なっていたためと思われる。かれの軍制・兵制史上の業績として「ジブスケ軍制建議」「万国陸軍取建之原則（西洋万国陸軍取立之原則并仏国陸軍取立及編成之事）」「英吉利国陸軍之取調書」「仏国政法徴兵」「欧羅巴各国入兵規則比較」「西洋大国入兵規則」以下多くの調査書があり、今日内閣文庫に現存している。これらは主として、かれの左院雇時代、すなわち一八七一年（明治四）一一月以降、七五年四月の間にできたと思われるものが多い。

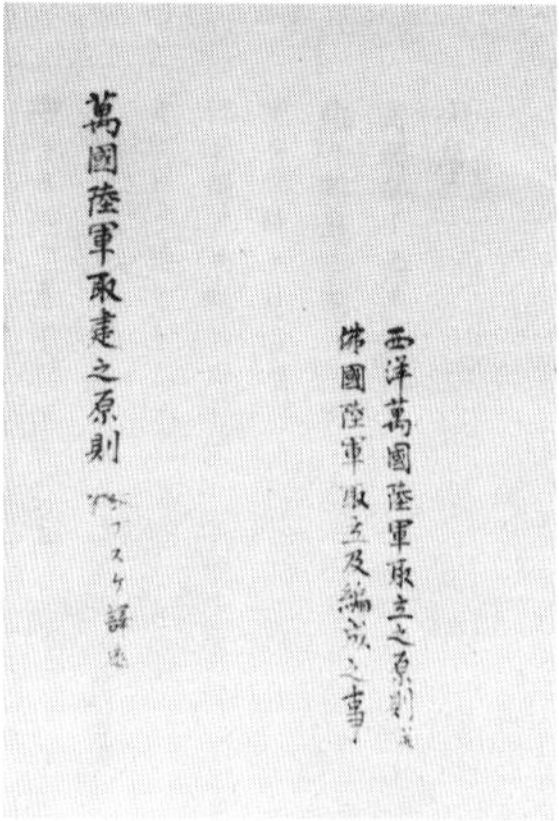
西洋萬國陸軍取立之原則并
佛國陸軍取立及編成之事
萬國陸軍取建之原則

ジュ・ブスケの訳述（内閣文庫蔵）

これらの業績を通じて、明治新制陸軍

の建設に対するかれの寄与を考えると、まず第一は、新制陸軍建設の目的とその基本的性格を、当局者に対して明確に説き、明治初期の軍制にフランス的文民優位制を樹立させたことである。

「ジブスケ軍制建議」には、「政府ノ布令沙汰ヲ行ハン為ニハ必政府ノ為ニ水火ヲモ避ケサル軍勢」を建設すべきであるといい、軍隊が政府の法律の執行および秩序の維持に任じ、文民優位的であるべきことを説いている。

また「仏国陸軍取立及編成之事」の「兵部卿」では、「兵部卿ハ全ク異ナル二種類ノ職務アリ、即司令職務及ヒ俗事職務ナリ、故ニ兵部卿ハ皇帝ノ命令ヲ受ケナガラ軍勢ノ兵事上及俗事上ノ頭領ナリ」と記してある。この「司令」ないし「兵事」とは軍令、「俗事」とは軍政を意味するもので、兵部卿における軍令軍政の一元的処理を述べたものである。

これらの軍制上におけるフランス主義は、一八七八年（明治一一）のドイツ軍制の影響を受けた統帥権の独立、ないし兵政分離（軍令軍政の二元的処理）によって崩壊したが、七八年までの明治初期軍制を特色づけた。文民優位のフランス軍制の影響をみるうえでジュ・ブスケの寄与を見のがすことができない。わが国における統帥権の独立が、やがて統帥と国務との対立や分裂、兵権の優越となり、今次の敗戦の悲劇に至る要因の一つとなったことは記憶に新しいところである。

徴兵制実施に現実的方式

第二は、以上の軍制の樹立と関係して、新制陸軍建設の中枢機関としての軍中央機構の整備に寄与したことである。

第三は、新制陸軍創出の方法と順序、またそれらを決定する手続きについて、わが国の現状に即した具体的、現実的な建議を行なって、できるだけ政治的にも経済的にも損失のないようにわが当局者を指導したことである。

すなわち新政府は、廃藩に伴って全旧藩兵を完全に解散させると、士族兵の反乱を生ずるおそれがあるので、旧藩常備兵を精選して廃藩後に設けられた四鎮台・分営に鎮台兵として配属し、国内治安に当たらせ、これら鎮台兵と三藩（薩・長・土）から出された御親兵を政府兵力として近代的に改組することにつとめた。一方では徴兵軍隊を創設、漸増して、壮兵（士族）軍隊を漸次解除していった。

こうした旧制軍隊から新制軍隊への移行の方法に関して、ジュ・ブスケの建議から直接、間接に多くのものを教えられたのである。

第四は、新制軍隊の建設方針とその方針実行のための処置を急速に決定、立案しようとしていた当局者のために、近代的常備軍に関する世界的な知見、およびわが国がとくに基準としようとしたフランス軍制・兵制に関する知見を準備し、重要な参考資料として提供したことである。とくに徴兵制の樹立は新制軍隊建設の中心問題であり、一八七三年（明治六）の徴兵令は、その一部にプロイセン兵役法の模倣があるが、常備兵の免役、抽籤、代人料の納付などにフランス兵制を採用している。この徴兵令の制定にさいして、ジュ・ブスケの「仏国陸軍取立及編成之事」の召募の項以下において展開されたフランス徴兵制が大きな影響を与えていることは間違いないところである。

以上のような、ジュ・ブスケの寄与、活動とともに、一方、一八七二年（明治五）四月には、かねてから招聘を交渉していたフランス軍事教官団の一行一六名が、フランス参謀中佐マルクリー（Marquerie）を陸軍教師首長として来日し、これよりフランス主義による新制陸軍の建設が本格化していったのである。

このフランス軍事教官団は、首長のもとに兵科将校五、六名のほか下士官からなり、一八七一年（明治四）末、大阪から東京に移った陸軍兵学寮（のち士官学校、幼年学校、教導団にそれぞれ独立）で学科、術科、射撃、剣術、体操の指導にあたったほか、砲兵工廠の建築、鋳造、馬医のことにまでおよび、その指導はフランス語で行なわれたため、各人に通訳をつけた。のちに首長は参謀中佐ミュニエー（Munier）に代わった。[1]

ドイツ主義の浸透で衰退

陸軍のフランス主義は、一八七八年（明治一一）以降ドイツ主義の浸透により、とりわけ八五年（明治一八）ドイツ参謀少佐メッケル（Klemens Wilhelm Jacob Meckel）の来日を機として衰退し、ドイツ主義が代わって優勢となるのであるが、しかし、とくに軍隊教育の面では、依然としてフランス主義の影響は深く広くゆきわたっていたのである。やがてドイツ主義が支配的となったため、今日ジュ・ブスケの存在は忘れられているが、明治初期、陸軍建設当初におけるかれの活躍と寄与とを銘記しなければならない。それは、現在の自衛隊における文民優位制の問題に連なるものでもあろう。

かれは一八七七年（明治一〇）秋ごろまで元老院に出仕し、退職後再びフランス公使館へ復帰して領事となったが、八二年麻布鳥居坂の自宅で逝去した。時に四五歳であった。かれは日本人を妻とし、三人の子供をもったが、その終焉《しゅうえん》の地を日本に選び、比較的短命だったその後半生を、明治日本のために捧げたのである。[2]

注
（1）『曾我祐準翁自叙伝』（昭和五年）二二六ページ。当時、曾我は兵学権頭。兵学寮頭は鳥尾小弥太少将であった。
（2）以上については、拙稿「明治新制軍隊の建設当初におけるフランス主義の採用とジュ・ブスケの貢献」拙著『明治前期政治史の研究』（昭和三八年）参照。

6　近代海軍の基礎がため、ドゥグラス——軍事・外交（Ⅱ）

イギリス式教程を導入

さて陸軍から海軍に目を転ずると、イギリス海軍中佐、準艦長ドゥグラス（ダグラス Archibold Lucius Douglas）を逸することができない。かれは、一八四二年（天保一三）ケベック（現在はカナダ領）に生まれ、そこで教育を受け、一八五六年、北アメリカ艦隊の旗艦ボスカウェン号に乗り組み、のち一八六〇年、コンゴとガンビアの海兵団に勤務して功績があった[1]。

ドゥグラスは一八七三年（明治六）七月、士官、準士官、下士官、水兵、水夫を合わせ総員三四名から成るイギリス海軍教師団の首長として来日し、東京築地の海軍兵学寮において測量術、機関運用、砲術、造船などの諸学科の教育を主宰した。海軍兵

1872年（明治6）の海軍兵学寮の職員・生徒たち（『伯爵山本権兵衛伝』より）

学寮は、明治新政府が海軍創設に当たって、海軍士官の養成を急務として一八六九年（明治二）にこしらえた海軍操練所が翌年改称されたものである。

新制海軍の創設に当たってイギリスから教師団を招聘したことは、さきの兵式決定の布告から当然の成り行きであったが、そこには並々ならぬ当局者の努力があった。当時兵部省では、陸・海両軍の間で経費の争奪が行なわれ、七二年（明治五）二月に、陸軍が実権を握って兵部省総経費九〇〇万円のうち八五〇万円を取り、海軍は残り五〇万円を得て、ついに陸軍省と海軍省とに分離独立したような時代であった。そうした時代に、佐賀藩出身で兵学権頭《ごんのかみ》（のち兵学頭）の中牟田倉之助は、海軍整備の急務として士官養成のためにイギリス海軍士官の招聘を極力当局に建議した。薩摩藩出身の川村純義兵部少輔が、この提案を容れて七一年（明治四）夏ごろイギリス政府に人選を委託した結果、ドゥグラスらの来日がようやく実現したのである。(2)

ドゥグラスの新制海軍建設に対する第一の寄与は、日本の海軍教育の組織や教程、諸学科をイギリス式に整頓し、それまで無秩序であった士官教育を一新して近代的な海軍教育制度の基礎を固めたことである。

来日当時の兵学寮

当時、兵学寮の内部は不規律をきわめ、教官の命令にも従わないものが多かった。これは、そのころの海軍軍艦の大部分が各藩から新政府へ献納したものから成っていたので、献納された軍艦の威力の優劣と隻数の多少とによって各藩出身の生徒間におのずから勢力の差等ができ、互いに反目して紛争を起こしたためである。とりわけ幕末に優秀な海軍力を持っていた薩摩と佐賀の両藩では、前者に春日、乾行の二艦、後者に日進、孟春の両艦があって、その威力が等しく、また箱館海戦における両藩出身の将校の功績もほとんど伯仲したので、両藩の生徒間には競争や対抗意識が激しくなり、その勢いはひいて生徒対教官の間にも及んだ。砲火を浴びた経験のある生徒たちは、戦場を知らない教官の教授を受けるのを不満とし、とくに薩摩出身の生徒山本が首謀者となって、しばしば教官排斥運動を起こし、時には教官室に乱入して教官と格闘し、テーブルや椅子などをこわしたり流血の騒ぎを演ずることもあった。

中牟田兵学頭も、このような寮内の不秩序を刷新するため、血誓と厳格な寮内生活とを励行させた。血誓は、明治の初めごろまで契約上の習慣として通用されていたもので、学頭室のテーブル上に針と綿とを備え、学頭の面前で終始海軍に従事する旨を誓うため、署名血判をさせたものである。生徒たちは、こうした刷新を個人の意志を無視し、自由を束縛するものだとして反抗し、これまた山本がリーダーとなって、学頭室に殺到し抗弁してやまなかった。ここに出る生徒山本こそ、後年、海軍大臣その他を歴任し、海軍の大立物となった、山本権兵衛《ごんべえ》の若いころの姿であった。

中牟田はこれら反抗分子を戒め、その命に従わないもの八三名を一挙に退学処分にしたほどであった(3)。これは一八七二年（明治五）一〇月、ドゥグラス来日の前年のことである。

厳格な規律で秩序を回復

ドゥグラスは、威風堂々とした偉丈夫で、つねに、われわれは単に学術上の一教師ではなく、新日本海軍創業の任務をこの双肩に担って来日したのだと自負していた。したがって万事について干渉し、聞き入れられない時は憤慨してやまず、また配下の水兵で命令に違反したものがあれば、容赦なく鉄拳制裁を加えるほどのきびしい性格の持ち主であったといわれている。このような強情不屈の精神の持ち主であったかれこそ、中牟田の粛正方針にかなう人物であった。

かれは着任後三ヵ月、早くも海軍兵学寮規則の制定を建言して、イギリスの海軍兵学校式の規則をかりに定め施行した。その規則の末尾には、「前諸条件ハ英国海軍ノ定例ニ従テ（中略）帝国日本政府ノ海軍兵学校寮ニ於テ基礎トスヘキ規則ヲ設定セリ、且其他ノ諸規則ハ次第ニ之ヲ編成セント欲ス」と記されていた。その結果、これまでオランダ式であった兵学寮規則は、一変して万事厳格な規律のあるイギリス式となり、寮の空気を刷新することができたのである。

通則に「生徒ハ父母病気ノ外下宿帰省ノ許可ナシ」とあったところから、「不孝者だよ兵学寮の生徒、親の病いを待つばかり」という歌まではやるほどだった。教育方法もドゥグラスの進言によっておいおい規則の改正が行なわれ、これまで座学を主としていたのが、午前は座学、午後は実地の戸外作業として大砲、帆前、端艇などの操練を行なうようになり、学科の教授や号令にはすべて英語が用いられた。またイギリス人教師の座学の時間には、警吏のジョン・クリステソンが各教室を巡回し、ドアをコツコツたたいてから入って来て'How many number, Sir?'と出席生徒数をたずね、教官が返事すると'Thanks, Sir'といって首にかけた出席表板に記入し、また他の室へ入っていった。こうした兵学寮のイギリス風は、公休日についてもみられ、当時天長節の次に「英国女王誕辰」があり、さらに「耶蘇更生祭」も休日に加えられ、予科生徒は日曜日には、キリスト教信者の日本人教師から、半日「アーメンの講釈」を聞かされたほどであった。(4)

練習艦と遠洋航海

第二にかれは、来日の翌年、一八七四年(明治七)四月、海軍卿に練習艦の必要と遠洋航海の実施を進言し、近代的な海軍力を育成するための実地訓練の原則を築き上げた。すなわち、「各海軍国ではトレーニング・シップ(Training Ship)の設備があって海軍生徒の練習を行なっている。日本でも、この練習艦でまず日本近海を周航し、実地に海上訓練をやる必要がある。そして卒業時には、少なくとも六ヵ月ぐらい遠洋航海を行ない、各地の天候、気象、海洋、潮流などのいっさいを十分に会得させなければ、世界を自由に航行することができない。これは生徒教育のほか、水夫、火夫などの教育にもなる」という趣旨であった。(5)

海軍兵学寮ではさっそくこの進言を容れて、軍艦筑波――一八五一年英領マラッカの内、モールメインで建造されたイギリス軍艦「マラッカ」の後身で、兵部省がメキシコ銀七万元で購入したもの――を練習艦とし、これに生徒を乗り組ませて北海道室蘭まで航海させ、さらに一八七五年（明治八）秋から翌年にかけて、太平洋を横断してサンフランシスコまで航海を行なった。これが日本海軍にとって第一回練習航海で、その後長くこの制度が維持されたものである。

中牟田兵学頭は、ドゥグラスがさきに述べた自負心から、教授以外の事項にまで喙《くちばし》をいれるときは断乎としてこれを退けたが、教授については、そのすべてをかれに委任する態度をとった。そのため生徒の間では、ドゥグラスらをもって、仮面をかぶった軍事探偵であるといい、委任の度が過ぎるとして学頭を非難する声も強かったといわれている。

こうして近代的な明治海軍の建設は、イギリス海軍教師団の首長、ドゥグラスの寄与に負うところ多大のものがあったのである。かれは一八七五年（明治八）七月、在職二年で契約期間に満たない前に帰国し、一九〇五年海軍大将に栄進した。そののち首長は相ついで代わったが、イギリス海軍教師団は、一八七九年（明治一二）ころにはおおむね帰国した。

注

（1）Henri Chevalier; "Old-World Chitchat", Griffis Collection.

（2）広瀬彦太編『大海軍発展秘史』（昭和一九年）一〇八―一〇九ページ（ダグラス一行傭聘に関する文書）、中村孝也『中牟田倉之助伝』（大正八年）四八三―四八四ページ。

（3）前掲『中牟田倉之助伝』四八一―四八二、四八八―四八九ページ。

（4）以上、沢鑑之丞『海軍兵学寮』（昭和一七年）二一九―二二七ページ、および二三四―二三五ページ。同氏『海軍七十年史談』（同上）二三〇―二三二ページ。

（5）前掲『海軍兵学寮』二五〇―二五一ページ。

7　明治外交の功労者、デニソン――軍事・外交（Ⅲ）

条約改正の推進役

以上で軍事方面を終わって、外交面に移ろう。明治時代を通じて最も重要な外交上の建設は、なんといっても長期にわたった条約改正問題であり、つぎには日清、日露の二戦争にからむ外交交渉であった。そこでこの方面に隠れた功績のあったアメリカ

デニソン

人デニソン（Henry Willard Denison）を紹介しよう。

かれは一八四六年（弘化三）ヴァーモント州ギルドホールに生まれ、ニューヨークのコロンビア・カレッジを卒業後、来日して、横浜でアメリカ副領事をしていた。[1] やがて一八八〇年（明治一三）五月、アメリカ公使デ・ロングの推薦で外務省顧問として招聘された。

かれの寄与の第一は、歴代外相のもとで条約改正案の起草に従事するとともに、幾多の有益な意見を当局者に進言して、わが国の条約改正事業の達成を助けたことである。デニソンが外務省入りした直後の七月には、井上馨外務卿は、懸案の条約改正に乗り出し、改正案を作成して各国に伝達しており、かれを招聘したのも井上自身で、条約改正上必要としたからであった。

当時条約改正にあたり問題となっていたのは、最恵国条款《さいけいこくじょうかん》をどう決めるかであった。最恵国条款には、一国に許した利益は他国に対しても無条件で与えなければならない、とするイギリス流の無条件主義と、有償・有条件でなければならない、とするアメリカ流の有条件主義とがあり、わが当局者はもとより、有条件主義の解釈をとって条約改正に臨もうとしたが、イギリスに反対するだけの自信がなかった。そこでデニソンは、井上外務卿に対して、この最恵国条款問題の性質を詳しく論じ、かつ有条件主義が至当であることを論じた意見書を、翌八一年（明治一四）提出して当局者を励ました。

さらに八四年一一月から条約改正会議において討議の基礎となる改正条約案の英文起草にあたった。しかし、デニソンを中心としたこの改正条約案は、条約改正会議では討議の対象とならず、英独提議の改正案がこれに代わったのであった。この英独改正案こそ、外国人法官の任用などを含み、さきに述べたようにボアソナードが反対中止させたもので、実は英独から提議されたものを日本政府で起稿したという手続きをへて会議に提出されたものであった。ボアソナードは、井上外務卿からデニソンらが起草した改正条約案を示された時、別段異論を述べなかったものである[2]。その後、大隈重信、榎本武揚、陸奥宗光《むつむねみつ》の各外相の各条約改正案の起草にも具体案を作成し、かれの解釈はそのまま政府の解釈となるものが多かった。

かれは日本における治外法権の撤廃にも努力し、その一段階として「駐日外国領事が、日本以外で罪を犯した自国人を捕えることは越権であり、治外法権の不当な拡張である」という意見書を出し、一八八六年（明治一九）に日米間に逃亡犯罪人引渡条約を締結させた。

三国干渉の処理に参画

第二は、日清戦争終了後、下関で開かれた清国との講和交渉で、外相陸奥宗光の背後にあって活動し、さらに下関講和条約調印直後に起こった三国干渉の処理という外交上の重要な任務にも参画したことである。広島の御前会議では、三国の干渉を拒否することは当時の国力としては不可能であり、さりとて全く干渉に服従してしまうのも屈辱に甘んずることになるので、列国会議を招集してこの事件を処理することに決めていた。しかし陸奥外相は、列国会議を招集すると、かえっていっそう不利な干渉に発展するかもしれず、そのため遼東半島だけでなく、講和条約そのものまで破壊してしまう恐れがあると反対し、結局、陸奥の説に従って、三国干渉の対策と、条約の批准交換とを分けて進めることに方針を決定したものであった。この決定は、陸奥の療養先である舞子で行なった伊藤首相、陸奥外相とデニソンの三人の会議で、御前会議の結果をめぐって三時間も討議したうえのことであった。これはいかにデニソンへの信任が厚かったかを物語っているであろう[3]。

日露交渉の電文を作成

第三には、日露戦争への外交における貢献がある。日露交渉のときロシアへ手交した電文は、そのうち一つだけは小村寿太郎外相が自分で書いたが、その他は全部デニソンが書いたものであった。これらの文書が発表されると、イギリス外交官も千古の名文だと推賞し、またヨーロッパ各国の同情が急に日本に集まった。それは、デニソンの含蓄のある電文に感動して、日本の平和への熱意、ロシアの無理押しを知ったからであった。フランスはロシアの同盟国であったが、日本の措置に理解をもち、パリでは日本の発行した軍事公債に多額の応募者まで現われた。

デニソンは、栗野慎一郎駐露公使宛にロシアとの交渉開始の電文を起草するよう、小村外相に命じられた時、家に帰って書こうとしたが、どうしても書けず、翌朝外相官舎へ行って「お言いつけになりました電文は一行も書けませんでした。実は小村大臣、あなたの本当の覚悟が私にはわかりません。相手がこちらのいうことをきかなければ、戦争になっても仕方がないというお覚悟がありますか。それとも、どうしても戦争を避けるというお考えですか。あなたの最後の腹を聞かないと、どっちにも通じるような文案は私には書けません」といった。小村は、「それは結局、談判の経過によることだ」と答えたので、デニソンは「それでわかりました」といって、家へ帰りすぐ電文案を書いて小村に差し出したという。

幣原喜重郎《しではらきじゅうろう》がこのことを聞いて、デニソンに、「小村さんの覚悟の有ると無いとで、どう書き方が違ってくるのですか」と聞いたら、デニソンは「もし小村大臣に非常な覚悟があるなら、電文をなるべくやわらかく書く。つまり日本はどこまでも平和的に妥協的に誠意のあるように書く。その反対の場合、どうしてもこれをまとめなければならぬということであれば、少し強い文章を書く。つまり、そういう場合には、多少おどし文句を使わなければならぬこともある。(中略)交渉の経過によるといわれたのは、交渉が破裂することを予期しておられるので、小村大臣の腹はチャンと決まっているのだと私は見てとった。まあ、あの電文を見てご覧なさい。私は非常にやわらかく書いたから」と説明したという。

またデニソンは、「自分は一ページ書くのに必ず三度か四度は辞書を引く。決して筆にまかせて書くなどということはしない」といい、また「私は日本人の書いた英語を直せといわれても、とても直せない。英語は正しいかどうかよりも、イギリス人とかアメリカ人とかの身になって、その考えで書かなければ人に感動を与えるものではない」と言っていた。

さらにデニソンは、ポーツマス講和会議にも随行して参画し、首席全権小村寿太郎らの全権団を直接、間接に助け、そのため、会議の仲介をした、時のアメリカ大統領セオドル・ルーズベルトから「君はアメリカ人なのか、日本人なのか」とひやかされるほど日本人になりきって行動した。

有能な外交官を育成

講和会議は、日本の賠償金要求とカラフト問題で決裂寸前となり、一時、ロシア側では談判破裂と同時に、その責任は日本の巨額な賠償金の要求にあるという趣旨を世界に公表する文書を用意していると伝えられた。日本側でも金子堅太郎が、日本の立場を訴えるための英文原稿を至急にデニソンに起稿させようと小村寿太郎全権に答えているほどであった(4)。結局、日本は賠償金問題を譲ることで講和条約を成立させ、大陸における利権とカラフトの領土をロシアから譲り受けたのである。

かれが一時帰国のため書類を整理していると、日露交渉の書類草案の綴り込みが出てきた。居合せた幣原がそれを記念に譲り受けたいと申し出たところ、かれはしばらく思案していたが突然ストーブへ投げ込んだ。そして「これを君にやると、君は必ずいつまでもこれを保存して人に伝えるだろう。そうすると、デニソンは日露交渉に主要な役目をしていたような風説を生むかもしれない。この交渉がうまくいったのは全く小村さんの功だ。自分はその功に参加する権利は少しもないのだ」[5]と言った。

こうしてデニソンは、三十数年にわたって歴代外相の絶対的信任を受け、謙虚に日本を最もよい立場から理解してわが国の外交に貢献したが、一九一四年（大正三）、外務省顧問在任中に病を得て不帰の客となった。そしてかれが苦労をともにした小村寿太郎の東京・青山墓地の近くに葬られたのである。幣原喜重郎が外交官として大成したのは、デニソンの薫陶によるところが大きい。

注

（1） Two Great Americans（誌名不詳）; Recent Death of Henry W. Denison Recalls Importance and Extent of Work done by Americans Serving under Foreign Flags (The Sun, Sunday, July 12, 1914) ともに Griffis Collection.
（2） 『世外井上公伝』第三巻八六一ページ、山本茂『条約改正史』（昭和一八年）三一二ページ。
（3） Martin Egan, "Henry Willard Denison――Statesman", Journal of The American Asian Association, Vol. XIV, No. 7, August, 1914, Griffis Collection および『伊藤博文伝』下巻二一五、二一八ページ。
（4） 開国文化百年記念事業会『日米文化交渉史』第四巻学術風俗篇（昭和三〇年）三八一、四九八ページ。
（5） 以上、デニソンについての引用は、幣原喜重郎『外交五十年』（昭和二六年）の「デニソンを憶う」（同書二三九―二四六ページ）に負うところが大きい。

8　貨幣制度の創設者、キンドル――経済・産業（I）

急務だった太政官札の整理

近代的富国策を展開しようとする新政府が、まずとらなければならなかった経済政策は、資本主義経済発展の基礎的な条件である貨幣制度の改革およびその全国的統一であった。王政復古後も旧幕以来の雑多な貨幣、藩札が用いられ、そのうえ新政府自らは無一文のため、軍費その他に数千万両にのぼる不換紙幣の金札（太政官札）を乱発し、また多額の悪貨（二分金・一分銀）を発行したので、幣制は混乱を極めていた。

この悪貨が広がったため一般国民も苦しんだが、とくに真偽を見分けられない外国商人は、往々大きな損失を受けた。そこで外国公使らは新政府に向かって強硬な抗議を行ない、財政に関する外交問題が重大化した。イギリス公使パークスは、怒って談判の席上、テーブルの上にあったコップを取って「日本の国はこの通りになるぞ」と言って粉みじんに投げつけたほどであった。

したがって、ニセ金を取り締まり、貨幣制度を整頓しなければ、国家財政の基本が立たないところから、また一面では外交上からも迫られて、新政府では大隈重信、伊藤博文、井上馨（造幣頭）らが中心となって全国画一の純正貨幣を鋳造することを決めた。そして一八六八年（明治一）八月、当時廃局となったイギリス領香港造幣局の造幣機械を購入し、大阪に造幣局（のち造幣寮、さらに再び造幣局と改称）を新設することにした。大阪が選ばれたのは、そのころ東京はまだ首都となっておらず、むしろ大阪の方が新政府の所在地になろうという情勢であったからである。

人も機械も香港から輸入

その工事が竣工し、開業式を行なったのは一八七一年（明治四）二月であるが、この前後から機械力によって貨幣を鋳造する「本邦有史以来、未曾有の事業」が始まった。なにぶん、欧米における最新式の組織と機械とを採用するので、開業に先立ってその道に練達した数名のイギリス人技師が、横浜のオリエンタル・バンク（東洋銀行）を通じて招聘され、この造幣寮の造営、業務に貢献した。

かれらのうち造幣首長として一八七〇年（明治三）五月、来日した前香港造幣局長・イギリス陸軍少佐キンドル（キンダー Thomas William Kinder）は後述するように、専横であるという非難を受け、日本側の当局者との間にトラブルを起こしたが、かれが首長として異論を排して専心造幣事業に尽くした功績は少なくなかった[1]。まず第一に、かれは着任後、造幣寮の建築工事および諸機械の装置などを指揮し、また寮の経営について種々重要な意見を井上に提出し、創設の業を助けた。その寮で本式に新貨幣が鋳造され始めたのは、七〇年一一月下旬のことである。新貨幣の量目、品位、性合《しょうあい》などは、当局者が非常な苦心をして決定したものであるが、その過程においてキンドルは、品位量目について意見書を出し、その決定に寄与したことを第二にあげることができる。

　こうして、いったんかれの意見が採択されて決定したのが銀本位制である。しかし貨幣・金融制度調査のため、アメリカに出張中の伊藤博文から金本位制採用の進言が行なわれた。そこで、さきにいったん決定を見た銀本位制は、一転して伊藤説を折衷した金銀両本位制に変わろうとし、最後に金本位制に落ち着いた。

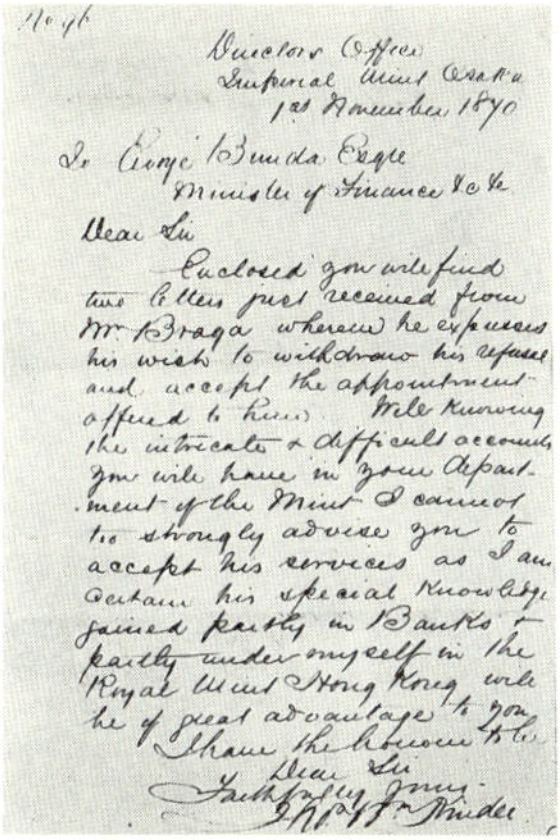
No 46
Director's Office
Imperial Mint Osaka
1st November 1870
To Inouye Bunda Esqre
Minister of Finance &c &c
Dear Sir
Enclosed you will find two letters just received from Mr Braga wherein he expresses his wish to withdraw his refusal and accept the appointment offered to him. Well knowing the intricate & difficult accounts you will have in your Department of the Mint I cannot too strongly advise you to accept his services as I am certain his special knowledge gained partly in Banks & partly under myself in the Royal Mint Hong Kong will be of great advantage to you
I have the honour to be
Dear Sir
Faithfully yours
T. W. Kinder

井上馨あてキンドルの手紙（1870年〈明治３〉11月１日付、造幣局蔵）

　第三に、かれは造幣年報の作成に当

たり、成貨の成績を一般に公表し、その信用を高めることに貢献した。当時造幣寮では、一方で各種貨幣のうち、それぞれ一枚を四つに切り、そのうち一片は試験用、その他の一片は保存用、残りの二片をイギリス、アメリカ二国に送っていたが、これは日本貨幣の信用をえるための手段であった。

第四は、造幣関係の諸規則、諸制度の制定に関して、数々の有益な助言をし、造幣寮の整備に寄与したことである。たとえば井上馨が、一八七〇年（明治三）造幣寮における地金収集の便利を図るため、金、銀、銅の自由売買の禁を解くように進言したのも、キンドルにイギリスの規則などを諮問した結果であった。

成功した新貨鋳造

なおかれについて触れておきたいのは、貨幣の図様に天皇の肖像を用いるよう建議したことである。この建議の要旨は次のようであった。

「世界各国の貨幣には、国主の肖像を模刻するのが普通一般である。その肖像を入れることは、君主が国民を仁愛することを意味し、また国民が君主に対して尊愛の感情を抱くことになり、ひいて貨幣尊重の気持ちを高めるものである。日本の貨幣は彫刻が緻密《ちみつ》で精巧であるが、全く世界の通義に反していて、君民相親しむという趣旨に欠けている。アメリカも日本の新貨幣に天皇の肖像のないのを惜しんでいるから、このさい、天皇の肖像を用いるようにされたい。」

このキンドルの建議には、一八七二年（明治五）大蔵大輔井上馨も賛成し、建議採用を申し出たが、結局、それは恐れ多いというのでついに不許可になった。井上はこの建議がいれられなかったことを非常に遺憾とし、渋沢栄一と連名で、造幣権頭益田孝宛に、次のような趣旨の手紙を送っている。

「竜顔を彫りきざむ件が不許可になったので非常に失望している。最初正院の廟議では大変好評であったのに、あに図らんや、宮中の嫌疑がとけず、廟議が一変して今日の指令となったのは遺憾である。この件はキンドルにおいても百方心配していたことだから、よろしく説得してほしい。(2)」

ともかく、堂々たる規模と設備をもつ西洋建築の造幣寮の建設は、明治初年においては、なみなみならぬ苦心を要したものである。その間において、言葉もよく通じない日本人を相手に、この大工事の完成に努めたキンドルなどのお雇い外国人技師の努力も一通りではなかった。また当局者の努力もさることながら、かれらが当局者たちに協力して、いずれも職務に精励したことによって初めて、新貨鋳造の事業が成功したものであった。造幣寮（のちに局になる）に関係したお雇い外国人は、一時二〇名に達し、その就職期限は、一八七〇年（明治三）より七五年までのものが最も多く、前後二七名におよび、そのうち二、三名を除き他はことごとくイギリス人であった[3]。

新政府は、一八六九年（明治二）四月、同年末から新貨を鋳造して、七二年までに莫大な金札を新貨と交換することを公約していたので、造幣寮の竣工と鋳造事業の開始とは、焦眉の急を要する問題であり、その成否が国家の将来にかかわるほどの大事業であったのである。新政府がこのような重大な国家的事業をよく達成して、貨幣制度の根本的改革に向かって歩を進め、あわせて困難な外交問題を解決することができた背後には、お雇い外国人の寄与があったことを忘れてはならないのである。一八七五年（明治八）二月、キンドル以下一〇名の外国人技師が造幣寮を去った。

注

（1）『伊藤博文伝』上巻四六六ページ。
（2）以上については『世外井上公伝』第二巻三一四、三三九、三六九、三八四―三八八、三九七―三九八ページ、および造幣局編『造幣局沿革誌』（大正一〇年）四―七、四七ページ。
（3）前掲『造幣局沿革誌』一二、七一―七二ページ（創設以来重要職員氏名一覧中、雇外国人）。

9　銀行経営の道開く、シャンド――経済・産業（Ⅱ）

為替会社の失敗と銀行条例公布

次に、新政府は以上の幣制改革に関連して、早くから金融の疎通ということに留意し、極力金融機関の整備、経営に努力してきた。そこにわが国における資本主義経済の急速な発展の一要因があり、お雇い外国人の貢献があった。一八六九年（明治二）政府が外国貿易事務を管理する通商司のもとに創設した半官半民の為替会社は、わが国最初の銀行としてバンク（Bank）の組織にならった金融機関である。しかし当時は、一般にこの会社組織の銀行業に不慣れであったので、為替会社の経営は失敗に終わった。だが、時代の急速な進展につれて、完全な銀行の必要度が高まってきていた。ちょうどそのとき伊藤博文がアメリカからナショナル・バンク（国立銀行）設立を建議した。一八七一年（明治四）六月、帰国後もかれはこれを建策したので、政府もその意見に傾いて、翌七二年一一月、兌換銀行券の発行を許して不換の政府紙幣に置きかえ、金融の疎通を図る国立銀行条例が公布された。

やがて三井・小野組の第一国立銀行（東京）を皮切りに、全国各地に国立銀行が設立された。これらの銀行は一八八二年（明治一五）の日本銀行設立に至るまでの時期に、複雑かつ困難な事情のもとにありながら、わが国銀行業発達の先駆として、明治初期の金融の疎通を図り、商工業の発達を助けるうえで大きな役割を演じたものである。こうした国立銀行の経営上功績のあったのが、イギリス人シャンド（Alexander Allan Shand）である[1]。

二八歳の若さで大蔵省に招かる

かれは、一八四四年（弘化一）スコットランドのアバーディンに生まれた。学歴についてはよく知られていないが、やがてスコットランドのある銀行に入って、かれの銀行員生活が始まり、その後一八六〇年代の末ころ来日し、当時横浜にあったマーカンタイル・バンクの支点に勤務した。一八七二年（明治五）一〇月、かれは大蔵省の紙幣寮付属書記官として招聘されたが、当時二八歳の若さであった。上述したように、そのころ大蔵省では新しく銀行条例を作り、渋沢栄一が主任となって近代的銀行制度の移植に努力していた。しかし、なにぶんにも帳簿のつけ方も伝票の意味もわからず、預金の取り扱い、割引手形などの重要な銀行事務も雲をつかむような状態であった。そこで大蔵大輔であった井上馨などの主張で、シャンドのような銀行実務に通じた外国人が雇われることになったのである。

こうして、かれのお雇い外国人としての勤務が始まり、途中、子息の不幸や自身の病気のため一ヵ年の休職帰国期間があったが、一八七八年（明治一一）三月、解職となるまで誠実に職務に勉励した。

シャンド

銀行簿記の普及に努力

その間における寄与の第一は、招聘された翌年の七三年（明治六）、わが国最初の銀行簿記の教科書ともいうべき『銀行簿記精法』を著わしたのをはじめ、その後『銀行大意』（一八七七年大蔵省刊）などをも続刊して、のちに全国各地に多数設立された国立銀行の事務経営の近代化や、銀行知識の全国的普及に貢献したことである。第二は、大蔵省の官吏や第一国立銀行の行員たちに、右の『精法』の原稿によって銀行簿記を伝授したことである。そしてさらに、一八七四年（明治七）

五月、紙幣寮銀行課内に銀行学局が開かれ、簿記法、経済学など銀行業の経営上に必要な諸学科を教えることになると、その学局の設立方法やその他生徒の陶冶に至るまでシャンドは指示・教授し、近代的銀行業務を身につけた人材の養成に尽くしたことである。

その後、学局は廃止されて翻訳掛がおかれ、そののちさらに銀行学伝習所が開設された。しかしその前後を通じて、広く各国立銀行や諸会社からも銀行学伝習生を募集したので、一八七九年（明治一二）六月、伝習所が廃止されるまでの生徒数合計は三四一名の多きにのぼった。これらの卒業生はそれぞれ諸官庁、銀行、会社で習得した知識を実行に移した。

大蔵省の紙幣頭（今日の銀行局長）であり、ついで第一国立銀行の初代頭取となった渋沢栄一の当時の回顧談によると、シャンドは、銀行業者に対する訓戒として英蘭銀行の重役であったギルバートという人の言った言葉を引き、次のような一見平凡でありながら意味深長な心得を示したという。

一、銀行業者は、ていねいにして、しかも遅滞なく事務を執ることに注意すべし。

一、銀行業者は、政治の有様を詳細に知って、しかも政治に立ち入るべからず。

一、銀行業者は、その貸し付けた資金の使途を知る明識あるべし。
一、銀行業者は、貸し付けを謝絶して、しかも相手方をして憤激せしめない親切と雅量とを持つべし。

第三には、わが国で初めて厳格な銀行検査を行ない、これまでの秘密主義の経営法を一掃して、健全にして合理的な経営を本質とする近代的銀行制度を確立するうえに貢献したことである。

一八七四年（明治七）一一月、第一国立銀行が三井組と並んでその大株主であった小野組の破産のため、大打撃を受け危機に直面した。そこでシャンドは、大蔵省より検査役として翌年三月同行に出張し、ついでその他の国立銀行にもおもむいて、綿密な検査を行なったものである。検査を受ける側は、そのため大いに悩まされたが、渋沢はかえってこれによって大いに利益を得たと認めている。

日銀設立の陰の功労者

第四は、大蔵省の諮問に答えて、適切な助言を行ない、当局者の施策に寄与したことである。たとえば、数次にわたる政府と第一国立銀行の海外支店設立計画にシャン

1882年（明治15）創立当時の日本銀行

ドは反対して中止させている。さらに一八七六年（明治九）の国立銀行条例改正——国立銀行紙幣の正貨兌換を止めることにするのが中心問題——についての諮問に関して、政府の改正案を痛烈に批判し、ヨーロッパ主要諸国のような中央銀行（政府の監督下に紙幣発行権をもつ唯一の銀行）を創立する必要性を強調・詳説して、建設的意見を述べたことである。かれが改正案を憂えたのはインフレーションの弊害で、かれの意見書がわが国でインフレーションの言葉を用いた最初の文献であるだろうといわれている。そして、歴史はかれの意見の方向に展開して、その後、中央銀行としての日本銀行が設立されたのである。

かれは、一八七八年（明治一一）三月、日本を去ってイギリスへ帰り、のちにロンドンのパース・バンクの重役となり、引退後も日本関係のビジネスに大きな関係をもちつづけた。

以上のように、かれはわが国草創期の銀行経営史上大きな貢献をしたもので、とくに上から近代産業を育成する必要に迫られていた当時の日本にとって、銀行・金融制度の移植こそ一つの重要な基礎条件であったことを思えば、かれの役割はまことに大きなものであったというべきであろう。そして、かれの日本の銀行業の発達に与えた影響は非常に大きく、イギリス型銀行というものが、モデルとされるようになったものである。

注

（1）シャンド研究については土屋喬雄「英人アレキサンダー・シャンドの業績――シャンドのわが国銀行経営史上の役割」「金融ジャーナル」第四巻第一―一二号（昭和三八年）という決定版があり、以下のシャンドに関する記述はすべて土屋論文に負うている。

10　殖産興業を推進、ワグネル――経済・産業（Ⅲ）

失職が機縁で長崎へ

以上、明治新政府によってなされた経済上の建設として、とくに資本主義経済発展の基礎的条件をなす近代的な貨幣制度、金融制度の移植、整備を取り上げたのであるが、次に、これらの基礎的条件の創出と相並行して遂行された産業建設の方面に移ろう。

新政府が「富国強兵」と並んで「殖産興業」のスローガンを高く掲げて、上から近代的資本制生産方法の育成に努めたことは、フランス人技師を招聘してその技術指導のもとに着工・操業した富岡模範製糸工場の名とともに、広く人の知るところである。このわが国産業の近代的発展のために貢献した代表的なお雇い外国人として、ドイツ人ワグネル（ワグナー Gottfried Wagener）をあげることができる。(1)

ワグネルは、一八三一年（天保二）ドイツのハノーバーに一官吏の子として生まれ、五一年ゲッチンゲン大学を卒業、翌年ドクトルの学位を受けた。その後、八ヵ年にわたるパリ留学時代に物理、化学の研究と諸外国語の勉強をした。やがて、母親の死にあたりいったん帰国、のちスイスのラ・シオードフォンの工学校教師として四年間就職した。その間、学校の余暇に時計製造術の理論的講義をし、ロンドンの万国大博覧会やイギリスの大機械工場の視察などをした。ところが、スイスの学制改革のために失職し、やがて友人ルードルフ・リンダウの紹介が機縁となって、上海の米国ルスセル商会から長崎における石鹼製造所設立の技術的指導を頼まれ、一八六八年（明治一）三月、長崎に来た。時に三七歳であった。

長崎の石鹼製造所は、時期尚早のため失敗した。七〇年に、彼は佐賀藩に化学者として招聘され、有田焼の改良研究に従事した。翌年、廃藩置県とともに解職されたので、有田滞在は短く、十分な改良はできなかったが、彼の黄金の分解沈降法、金箔彩色の改良、酸化コバルトの用法などに残した功績は大きかった。[2] やがて、かれは東京に出て、七一年（明治四）末より大学南校、ついで大学東校のお雇い外国人教師となり、物理、化学を教えた。

ワグネル

ウィーン万国博覧会の技術顧問に

一八七二年（明治五）二月、ワグネルはオーストリア政府よりウィーン万国博覧会の準備のため、技術上の顧問となるよう交渉をうけた。ところが当時、新政府もまた同博覧会に参加しようと準備していたので、ワグネルは同博覧会総裁大隈重信、副総裁佐野常民の熱望によって「列品並物品出所取調技術誘導」の任に当たり、その技術的指導者となった。かれのわが国における産業政策指導がここに始まったのである。

かれのこの方面における役割と功績には実に大きいものがあるが、なんといっても博覧会事業の指導に当たり、大きな寄与をなしたことである。土屋喬雄博士が説かれたように、当時の博覧会は、今日の一般博覧会とは趣旨を異にしていたもので、実に産業資本主義化のための教導、育成の重要な一手段であった。ことに、一八七三年(明治六)ウィーン万国博覧会への参加は、その後、殖産興業政策の一つとなった内国博覧会事業発達の端緒となり、明治初期の産業政策にとって一エポックを画した。

このウィーン博への参加の目的は、国産品の海外宣伝と同時に、近代的生産方法および諸制度の移植であった。とくに後者の目的のために、政府は民間より技術伝習職工二四名を同行させ、多数の技術家とともに西ヨーロッパ諸国の工場、研究所、学校などに学ばせた。その後二〇年にして、機械制生産の確立を見た軽工業の発達した生産技術は、このときの伝習に負うところが大きいといわれている。

大部の「澳国博覧会報告書」は、わが国の急速な資本主義化政策にとって、貴重な指導的文献であるが、そのうちの数部はウィーンに派遣されたワグネルの執筆に成るものである。そのなかに、「東京博物館創立の報告」「博覧会総報告」「農業山林部報告」「化学工業部報告」「製造上食料部報告」「芸術及百工上芸術博物館ニ付テノ報告」などがあり、ほかに佐野常民の諮問に応じて日本の勧業方策を論じた「ワグネル氏建議」がある。

かれは一八七四年（明治七）、ウィーン万国博から帰って、東京開成学校、文部省所轄の製作学校の教師となり、また大久保利通内務卿のもとに殖産興業政策遂行の中心であった勧業寮の顧問となった。

「澳国博覧会参同紀要」は、ワグネルに関して次のように記している。

「氏ハ多年本邦ニ在留シ、工業技芸ニ精通セシヲ以テ、科目ノ選択ニ於ケルガ如キ其意見善ク肯綮《こうけい》ニ中《あ》タリ、殊ニ教師ノ嘱託、工場ノ選択ハ尤モ其尽力セシ所ニシテ、或ハ書ヲ四方ニ贈リ、親《みずか》ラ専門ノ人士ニ就キ適当ノ方便ヲ求メテ以テ伝習者ヲ各処ニ配置ス、其功労ハ特ニ之ヲ称揚《しょうよう》セザルヲ得ザルナリ。」

これを見ても、かれの貢献がいかに大であったかがわかるであろう。

産業政策の方向を指示

功績の第二は、わが国の産業発達の情勢を分析して、産業政策の方向転換を当時の為政者に示唆し、その指針を与えたことである。明治政府は海外の万国博覧会に参加した経験をもとに、国内における近代産業の発展、貿易の振興を目的として一八七七年（明治一〇）以来、内国勧業博覧会を開催した。ワグネルは、とくに一八八一年（明治一四）第二回内国勧業博覧会を論評した報告書（「一千八百八十一年内国博覧会報告書」）を作成した。その中で、彼は維新の変革が緒について以来、十余年間における産業の著しい発展を導いた官営模範主義の政策をやめて、民営保護主義の政策に移行すべきことを主張した。

政府は、一八八〇年（明治一三）一一月より官営工場払い下げの方針をとり、民営保護主義へと産業政策の大転換を行なった。この日本資本主義発達史上に一時期を画するさいに書かれたワグネルの論策は、きわめて重要な意義をもつものであり、当局者にとって助けとなり、利益となったものであることは疑う余地がない。

第三は、一八八一年、東京大学理学部に招聘されて製造化学を担任し、また陶磁器製造に関して築窯上の改良をしたことである。レンガ製造に燃料の節約が可能となった楕円形輪窯の築造や美術陶器の旭焼の発明がそれである。このほか、東京職工学校（東京工業大学の前身）の創立を建議するとともに、自ら教導の任に当たるなど、応用化学、実業教育の発展、各種工場の設立に関与し、わが国産業の進展を実地に指導したことである。

かれはスイス滞在中から脳病にかかり、その後さらにリウマチスに悩んだが、一八九二年（明治二五）一一月ついに六一歳で東京において永眠した。ワグネルは、二五年に及ぶ後半生を独身で過ごし、つねに誠意をもって日本の産業発展のために捧げた。講演はつねに日本語を用い、心から日本の風土を愛したかれは、死に臨んで「日本に埋葬せよ」と遺言したと伝えられている。東京の青山墓地にその墓がある。

注

（1）以下、ワグネルについては、植田豊橘編『ワグネル伝』（大正一四年）、梅田音五郎編『ワグネル先生追懐集』（昭和一三年）のほか、とくに土屋喬雄「ゴトフリード・ワグネル」『日本資本主義史上の指導者たち』（岩波新書、昭和一四年）に負うところ大である。

（2）江頭恒治「佐賀藩に於ける洋式工業」前掲『幕末経済史研究』九四ページ。

11　工部大学校の教師たち、ダイエルら——経済・産業（Ⅳ）

盛り上がる工業振興の気運

さて、殖産興業政策遂行の政府機関の中心として、指導的役割を演じたものは工部省であった。のちに示す統計でもわかるように、同省が採用したお雇い外国人の数は、他の官庁などに比べて圧倒的に多かった。工部省は、山尾庸三が中心となって、政府に工業の振興を建議し、一八七〇年（明治三）閏《うるう》一〇月に設立されたものである。山尾は幕末に、長州藩から伊藤博文、井上馨らとともにイギリスに渡り、両人が日本に帰国してからも一人残って研究に没頭していた者である。

同省は、百工勧奨の事を掌《つかさど》り、鉱山、鉄道、電信、土木、造船、製鉄、製作など、その所管は主として各般の工業部門および交通部門にわたり、政府自ら種々の事業を経営し、また一般に向かっても産業を奨励した。そして一八八五年（明治一八）末に廃止されたが、前後一五年に及ぶその諸事業は、政府にとって大きな損失を招いたとはいえ、日本資本主義発達上の基礎工事ともいうべき有意義なものであった。その基礎工事に当たった主役が、多数のお雇い外国人技師である。かれらの活動を通じて、欧米の近代的産業技術が直接にわが国に移植されたのである。

これらお雇い外国人たちが、それぞれどんな寄与をしたかを詳しく取り上げるにはあまり紙数がない。そこで、これら個々人については三枝博音・野崎茂・佐々木峻共著『近代日本産業技術の西欧化』（東洋経済新報社・昭和三五年）にある来日外国人評伝に譲ることにしたい。ここでは比較的知られていない工部省内に置かれた工学寮

工部大学校正面

工学校（一八七七年以後、工部大学校と改称——その庁舎は虎の門内にあった旧延岡藩邸内）を取り上げ、そこで活躍したお雇い外国人の寄与に触れよう。

　初代工部卿の伊藤博文は、すでに一八七一年（明治四）の工部学校建設の建議書において、工業の振興を図るために、目下多数のお雇い外国人を招いて創業につとめているのは、やむをえないが、「終始、彼等ノ余力ヲ仮リ功業漸ク相遂ゲ候様ニテハ一時開化之形況コレアリ候トモ万世富強ノ御基本ハトテモ相立チ申スマジク」と述べて、将来の日本の産業界を担う多数の人材を養成することを急務と考えていた。そのため伊藤は、工部大丞《だいじょう》山尾庸三らと図って同年八月工学寮を設置し、山尾が工学頭となって、人材の養成に乗り出した。

一方、同年一一月、日本を出発した岩倉遣外使節一行に加わった伊藤は、翌七二年ロンドンで大貿易商ヒュー・マセソンに会い、工部教育の基礎をつくるため学校を創設したいので、先生となる適当なイギリス人工学者の物色を依頼した。マセソンは伊藤が幕末、イギリスに渡った時、斡旋の労をとった人で、かねて親交があったからである。

弱冠二五歳のダイエル登場

伊藤の希望は、マセソンの親友である一教授を介して、スコットランドのグラスゴー大学教授ランキンに伝えられた。このランキンに推薦されたのが、門下生のダイエル（ダイアー Henry Dyer）工学博士である。ダイエルと助教八人とから成るイギリス人お雇い教師の一行が来日したのは、一八七三年（明治六）七月である。来日当時のダイエルは、二五歳の青年学者で、若々しい情熱と理想とをもって、新日本の工学教育の組織をつくろうと意気込んでいた。

当時工学は、ようやく単純な技工の域を脱し、学理にもとづいた専門学となってからまだ日が浅かった。したがって、工学を総合統一した学校はイギリスにもなく、わずかにスイスのチューリヒに一ヵ所あっただけである。ダイエルは工部大学校都検

（教頭）兼土木工学および機械工学教師として、一八八二年（明治一五）まで勤続した。その間、工部大学の創業にさいしてチューリヒの組織を基礎にその組織を構成した。こうして、学科課程はもちろん、諸規定の選定、校舎の構造、教場の配置などを計画し、わが国における工学教育の基礎を設定した大恩人となった。

すなわち、工学寮では大学（コウレージ）と小学（スクール）とに区別し、小学校で準備教育を施し、大学校へ入ってから普通予備教育二ヵ年、専門教育二ヵ年、これに専門の実地教育二ヵ年を加え、合計六ヵ年の教育方法をとった。また学科を分けて土木、機械、電信、造家、実地化学および鎔鋳（のち冶金として分離）、鉱山の六科としたので、当時ではこのように各科を総合した工学校は、海外にも少なく、世界的にもきわめて優秀な組織であったのである。

ダイエル

工部大学校は、第一回卒業生を出した一八七九年（明治一二）から廃止となった八五年に至る間に、東京大学理学部工学科の卒業者数とほぼ同数の、合計二百余名にのぼる卒業技術者を輩出し、かれらが明治の工業界の実践的指導者層を形成した。[1] ダイエルらが、技術面で外国人依存から自立しようとした政府当局者の熱望にこたえて、日本人技術者の養成に貢献したことは忘れてはならないであろう。

なお、次に右の工部大学校お雇い教師の代表として、エルトン（エアトン William Edward Ayrton）をあげ、その精励ぶりを紹介しよう。

日本に電灯をともしたエルトン

かれは、一八四七年（弘化四）ロンドンに弁護士の子として生まれ、ロンドン大学を卒業したのちグラスゴー大学に入学して、電気工学を学んだ。一八六七年に卒業したのちはインドの電信事業に従事し、一八七三年（明治六）ダイエルらとともに工部大学校に招聘されて来日した。

かれの寄与の第一は、日本の電気工業発展の基礎を固めたことである。もともと工部大学校は物理学を専門とせず、もっぱら工業専門家の養成を目的としていたが、エルトンは物理学の重要さを説き、予科で物理学を、専門科では電信学（のち電気工学とよばれる）を教えた。当時の電気工学は単に電信のみで、電話は発明されておらず、電灯・電力工業も発達していなかった。

日本の電信は、一八六九年（明治二）イギリス人技師を招いて創設されたが、これらの技師はいずれも電気学の知識に乏しく、工夫長ぐらいの資格に過ぎず、したがって、電信工業もわずかに電線の架設にとどまっていた。ところがエルトンの来日以来、学術、工業ともに進歩し、その面目を一新した。そしてかれこそ、わが国において初めて電灯の点光を行ない、電灯の実用化に先鞭をつけた人である。

一八七八年（明治一一）三月二五日、木挽《こびき》町に新設された中央電信局開業式の祝宴が工部大学校のホールで開かれた。同夜の晩餐会場の灯火用として、かれの指導のもとに、工部大学生藤岡市助、中野初子《はつね》、浅野応輔らの電信科第三期生が、グローブ電池五〇個を使ってアーク灯に点光した。宴会の席上は、にわかに白昼の観を呈し、来賓一同は拍手喝采した。ところが、それも束の間で、やがてシューッという音を聞くと同時に、アーク線は切れて、宴席はたちまち暗黒となり、その後どうしても点光を続けることができなかった。しかしこれがわが国における最初の電灯点光であるというので、電気協会ではこの三月二五日を電気デーとして、電気の記念日と定めたのである。約九〇年後の今日から回顧するとまことに隔世の感がある。

エルトン

理論教育の必要を強調

第二に、科学教育上、理論教育の主義を重視して、修得した学問を広く実地に応用し役立てることができるよう学生を教育したことである。エルトンは学生に、「君たちが卒業後、日本国内で就職する場合のことを考えると、日本の現状はヨーロッパ諸国のように分業が発展していないから、万般のことに当たる覚悟が必要である。その場合、ファクト（実際）教育を受けた卒業生は学習の応用が遅鈍で、シオリー（理論）教育を受けた卒業生の機敏さにははるかに及ばない。君たちはこの点に注意して、いつ島流しに出会っても自分一人でもその職責を全うすることができるよう心掛けて勉強せよ」と説いたという。

そしてつねに暗記乱読を戒め、もっぱら推理、研究を奨励し、「人の真似をするなかれ、何か物事がある時は、決してそれを真似しようとせず、さらに一層良い物を作るように、また発見するように心掛けなければならない」と教えた。

感銘を与えた研究態度

第三に自ら学問に熱心で、その研究態度が学生に大きな感化を与えたことである。エルトンは寸暇もいたずらにせず、日曜、祭日の区別なく、朝は六時より夜は一二時まで教室で研究し、その研究の成果は、続々として発表されて世界の学界を驚かせた。そのため、当時電気学研究の中心は、イギリスから日本へ移ったとさえいわれたほどであった。

エルトンの受業生の一人、浅野応輔は「先生のいよいよ帰国と決し、まさに日本を去られんとする当日においても、つねのごとく午前六時より登校研究を継続され、午後三時解纜《かいらん》（出帆）の船に達するわずかの時間を残して出発された。船中においても研究の結果を調べ、スエズに到着するまでには論文を草し、スエズよりロンドンへ電文をもってその結果を発表し、ロンドンに着かれるや直ちにローヤル・ソサエティーにおいて演出された。この一事によるも学問のために、いかに寸暇をもいやしくされなかった先生の風格が躍如として顕われている」と敬服している。(2)

こうしてエルトンは、日本の電気工業発展のために尽くし、その方面を担う優秀な学者、技術者の養成という貴重な功績を残したのである。かれは一八七九年（明治一二）六月解約となり、イギリスに帰ってのち、サウスケンジントン中央工業大学に教鞭をとり、ヨーロッパにおける電気学界の中心人物として活躍した。やがて過度の研究のため眼疾を患い、一九〇八年（明治四一）一一月、ロンドンで六一歳の生涯を閉じた。(3)

彫刻・洋画・建築のお雇い外国人

さらに工学寮に関して、付記しなければならないお雇い外国人がある。工学寮の発展とともに、美術教育の必要が生まれ、一八七六年（明治九）、工部大学校の中に工部美術学校がつくられた。そして画学、造家（建築）、彫像のお雇い外国人教師が芸術の香り高いイタリアから招かれたのである。ここで、この方面に活躍した二、三の有名なお雇い外国人について簡単にふれておこう。

最初はイタリア人ラグーザ（Vincenzo Ragusa）。かれは一八七六年（明治九）より八二年（明治一五）まで彫刻教師として在職し、次に述べるフォンタネージとともに日本に西欧美術をもたらしたお雇い外国人である。また彫刻のかたわら装飾図案および用器画を教え、また「日本婦人像」のような日本人の肖像をいくつも作った。その受業生の中から、大熊氏広、藤田文蔵ら十数名の著名な彫刻家が輩出し、これらの人々を中心に明治の洋風彫刻は発展した。

次はイタリア人フォンタネージ（Antonio Fontanesi）。ラグーザが無名であったのに反して、かれはイタリア有数の画家で、世界的にも有名であった。同じく一八七六年より七八年まで日本に在留して洋画を教えた。また、製作も多く、学生の指導に

フォンタネージと学生（前列左から３人目がフォンタネージ）

も熱心で、その門下より小山正太郎、浅井忠、松岡寿《ひさし》など、明治の西洋画壇をになった人々が出た。在職わずかに二年にすぎなかったが、彼は日本にりっぱな美術大学を樹立するという抱負と熱意をいだき、わが美術界に与えた感化はきわめて大きかった。

建築にはイタリア人カッペルレッティもいたが、イギリス人コンドル（Josiah Conder）が有名である。かれは一八七七年（明治一〇）より八二年初めまで工部大学校で建築学を教え、日本における西洋建築の導入を初めて本格的なものとした。かれの門下から辰野金吾、片山東熊《とうくま》、曾禰《そね》達蔵のような秀れた建築家が出た。コンドルはのち、工部省営繕局に転じ、宮家御殿、諸官省の庁舎、学校、公館など重要な建築を設計監督し、明治時代を

コンドル

通じてかれの設計によって実施された建築は実に多数にのぼった。一九二〇年（大正九）六月、病をえて東京で没した。時に六八歳。来日以来、四四年の後半生を日本建築の近代化に捧げた。[4]

以上のように明治における絵画、彫刻、建築の近代化が、その源を工部美術学校に発することは、注目を要する点である。その学校諸規則において、「美術学校ハ欧州近世ノ技術ヲ以テ我日本国旧来ノ職風ニ移シ百工ノ補助トナサンガ為ニ設ルモノナリ」と工部美術学校の目的を述べているところに、明治の美術が文化的運動そのものとしてでなく、殖産興業という国策のもとで経済的実用的な目的から近代化への道を歩まざるをえなかったことがうかがわれよう。

注

（1）以上、旧工部大学校史料編纂会編『旧工部大学校史料』（昭和六年）二—六、四八—五一、一五九ページ参照。

（2）以上、瀬川秀雄編『工学博士藤岡市助伝』（昭和八年）二五—二九ページ、浅野応輔「ダブリュー・イー・エルトン先生」大日本文明協会発行『明治文化発祥記念誌』（大正一三年）四〇—四一ページ、

前掲『旧工部大学校史料』一六二—一六三ページ参照。

なお、わが国における最初の電灯点光について、田中館愛橘は、工部大学校での点光より以前一八七七年（明治一〇）一二月一九日、一ツ橋にあった東京大学法理文学部の初めての卒業式の夜の宴会で、ブンゼン電池七〇ばかりを並べてアーク・ライトをつけた、と語っている（同氏「一ツ橋から赤門へ(II)」「科学」第四巻第八号、昭和九年、二九ページ）。

(3) 前掲『近代日本産業技術の西欧化』一六三ページ。

(4) 前掲『旧工部大学校史料』一六〇—一六一、一七〇—一七二ページ。

12　学制改革の立役者、モルレー——教育・学術（I）

遣外使節が日本に招く

最後に教育、学術の建設面におけるお雇い外国人をながめてみよう。まず教育、ことに教育行政面で著しい功績を残したものにモルレー（マレー David Murray）がある。[1]かれは、一八三〇年（天保一）一〇月、アメリカのデラウェア川上流のスコッチ・コロニーに生まれた。かれの両親はスコットランドからの移民であった。一八五二年ユニオン・カレッジを優秀な成績で卒業後、アルバニー・アカデミーの校長となり、ついで一八六三年ラトガーズ大学に迎えられ、数学および天文学の教授となり、同時に学校行政家としての手腕を発揮した。

岩倉大使一行の欧米視察の目的の一つには、教育制度の確立およびその運用ということがあったが、一行の渡米と関係して、当時ワシントン滞在の小弁務使森有礼は、将来の日本教育をどうするかという問題を、アメリカの知名の人々に質問した。この質問書簡はラトガーズ大学にも来たので、総長キャムベルはその返書をモルレーに執筆させた。

モルレーの回答意見は、森有礼が編集して一八七三年（明治六）刊行した『日本の教育』（Education in Japan）中に収められている。その意見は、①各国民は自国の国民性に適した教育制度をつくること、②国民一般の教育を目的とすること、③女子教育は男子教育と同様に重視すること、④教育は実際的であり、かつ訓練的でなければならないこと、⑤教育施設として必要なものは何か、などにわたっている。

初めに述べたようにラトガーズには日本留学生が来ており、モルレーはこれらの留学生を私邸に招いて歓迎し、日本の教育問題について話し合っていたので、とくにかれの教育意見は日本の事情に即していた。そのため、モルレーの回答意見は、岩倉大使一行の注目するところとなり、特別な招待状がモルレーに出され、両者はワシントン日本公使館で会見した。その後、数度の会見と協議の結果、モルレーは学監（文部省顧問）として日本に招聘されることになった。ラトガーズ大学は三ヵ年の賜暇を与えて日本行きを承認し、かれは一八七三年（明治六）六月来日した。

モルレー

伝統尊重の漸進改革論

モルレーが日本の教育に寄与した大部分は、教育行政面である。当時、文部省には一八七二年（明治五）発布の「学制」を全国に施行するために多くの問題が横たわっていた。学制はいわばデスク・プランであり、これを実施するには多くの改正を必要としていた。かれの最大の寄与は、当時文部行政の中心的地位にあった田中不《ふ》二《じ》麿《まろ》を助けて、その最高助言者として活動し、「学制」が遠大な理想に過ぎて国民生活から遊離しつつあったのを抑え、漸進的な改正、日本の実情に合った教育制度の確立に努力したことである。

そのころ、「学制」改革には数多くの困難さがあった。まず第一に、政府の財政は苦しく、文部省経費として国庫が支出できるのは、歳出の二％前後にすぎない有様だった。また封建体制の温存された農村では、「学制」は農民生活の現実から遠く離れ、教育の責任が経済的にも精神的にも被教育者側に負わされたために、教育事業は農民生活にとって耐えられない浪費として感じられるようになっていたのである。(2)

こうした状況下で、「学制」を改革しようとするかれの努力は、かれが着任早々の明治六年末に、田中不二麿に提出した「学監米人博士ダウヰッド・モルレー申報」を初め、また、長崎、兵庫、大阪、京都の各府県のいくつかの報告によってうかがい知ることができる。「学制」の実施状況を視察して改善方策を示した「学監ダウヰッド・モルレー申報」(文部省第二年報、明治七年)や「学監考案日本教育法」などがそれである。

モルレーの日本の教育改革についての態度は、終始、日本の伝統を顧みずに欧米の教育そのままを移植しようとするのに反対し、日本の美点を認め、実情に即して漸進的に改革を進めようとしたことである。明治初年の文部省では、田中のように、日本人の方が急進論者で、モルレーがかえって保守論者であった。さきに述べたように、文部省では「学制」を改正しようという意向を持っていたので、モルレーは田中とともに「学制」の各条項にわたって綿密な審議を開始していた。

さきの「学監考案日本教育法」は、「学制」を改革して新たな教育制度に関する法令を制定するにさいして、その参考として文部省へ提出されたモルレー案であり、

「学制」実施の経験にもとづいて、それを部分的に修正し、さらに外国の教育法を参酌したものであった。文部省は、一八七八年（明治一一）に、フランス流の干渉主義の理念にもとづいた「学制」に代わる新教育制度として、「日本教育令」を立案して上奏し、やがて翌七九年教育令が公布された。

この教育令は、「学制」のような国家の強力な干渉を排除して、地方人民の自治的な運営に任されなければならないというアメリカの自由主義の影響をうけた極端な自由、放任の教育制度であるといわれている。また、モルレーとアメリカかぶれの田中不二麿とが協力し、アメリカ主義を採用して「学制」を改正した結果であると説かれてきた。モルレーの考案が教育令制定の過程にあずかって大きな力があったことはいうまでもない。しかし、かれはむしろ漸進的改革、日本の伝統尊重論者であり、むしろ教育令制定に賛成しなかったといわれている。したがって現在の研究では、教育令を原案以上に自由放任的にしたものは、モルレーや田中不二麿以外の別の者の力であるとされている。(3)

東京大学の設立と女子教育の振興

また、東京大学の創設に貢献したことも見のがせない。一八七七年（明治一〇）四月、東京開成学校（幕府の開成所――大学南校の後身）と東京医学校（幕府の医学所――大学東校の後身）を合わせて東京大学が成立した。これは日本における初めての欧米型ユニバーシティーの出現であり、わが国教育史上画期的な出来事であった。当時、大学成立とともに起こった法理文三学部の学科編成が重要な問題となり、大学当局は、文部省学監モルレーおよび各教官の意見を徴して、ようやく成案をえたものである。また未亡人の出版した『追憶記』（In Memoriam）には、モルレーが加賀屋敷の古井戸に落ちたエピソードが記されているが、これは新しく東京大学の敷地となった同屋敷をかれが実地踏査したときの事件に関する未亡人の追憶で、かれが東京大学の創設に当たり、建築・設計の指導にまで直接関与したことを物語っている(4)。

さらにまた、日本の女子教育の振興に努力したことである。一八七五年（明治八）官立の東京女子師範学校が開校した。これはモルレーの女子教育尊重の意見にもとづいて、前年一月田中不二麿が建議したことによるものである。なお同校には付属の幼稚園が設けられたが、これまたモルレーの幼児教育振興の意見によったものであった。その後、各地に公立女子師範学校が設立されるようになった。

このほか、文教制度の一部として教育・学術機関の整備に直接間接に寄与したことも大きい。学士院の創設もモルレーの業績の一つである。さきに記した「学監考案日本教育法」にも、学校付属物として図書館、博物館、病院などと並んで日本文学館があげられている。日本文学館は、その説明書の原文では、「アカデミー」(Japanese Academy of Literature)とあり、かれの建議にもとづいて、今日の日本学士院の前身である東京学士会院が成立したものである。上野にある学士院の一室にかれの肖像写真が掲げられているのは、このことを物語るものである(5)。

かれは、一八七八年(明治一一)一二月、学監を辞するまで、以上のごとく日本の近代教育発展の基礎を築くうえに大きな功績を残し、翌年一月帰国した。帰国後、ニューヨーク州教育局理事、ユニオン大学およびラトガーズ大学評議員を歴任、晩年ニューブランズウィックに隠退して文筆生活を過ごし、一九〇五年(明治三八)三月、同地で死去した。

注

(1) 以下、モルレーについては、吉田熊次「ダビッド・モルレー中報解題」『明治文化全集』第一〇巻教育篇解題(昭和三年)、海後宗臣「学監ダビッド・モルレー」「明治文化」第五巻第八号(昭和四年)、仲新「教育行政史上における David Murray と学監考案日本教育法」「教育学研究」第二三巻(昭和三一年)、前掲 W. H. Demarest, A History of Rutgers College, pp. 396, 444-445.『日米文化交渉史』3 宗教教育篇三〇九—三二七ページ。

(2) 時野谷勝「教育令制定の歴史的背景」『開国百年記念明治文化史論集』(昭和二七年)一二九—一三三

ページ。

（3） 土屋忠雄『明治前期教育政策史の研究』（昭和三七年）二三八ページ以下参照。

（4） In Memoriam David Murray, Ph. D., LL. D., Privately Printed, New York, 1915, pp. 6-7.

（5） 前掲『日米文化交渉史』3宗教教育篇三二六―三二七ページ。

13 生物学の基礎作り、モース――教育・学術（II）

動物採集が来日の動機

つぎに自然科学の方面に移ろう。自然科学といっても、工学、医学、農学などの応用科学と基礎科学とがあり、さらにその基礎科学にも数学、天文学、物理学、化学などの物理的科学と、植物学、動物学、地質学、人類学などの主として生物的科学とがあるので、その一つ一つについて述べることはできない。

そこで、すでに経済、産業の項でワグネルや工部大学校を中心にエルトンなど応用科学、物理的科学に関係あるお雇い外国人を二、三紹介したので、ここでは生物的科学の方面のお雇い外国人として著名なアメリカ人モース（Edward Sylvester Morse）について述べることにしたい(1)。

かれは、一八三八年（天保九）アメリカのメイン州ポートランドに生まれ、初めハーバードのローレンス・サイエンティフィック・スクールに学んだ。一八六六年ころアメリカ博物学会を創設し、のちボードウィン大学の比較解剖学および動物学教授となった。かれは有名なルイ・アガシーの弟子であったが、腕足類に関したアガシーの講義に疑問をもち、その研究をするために一八七七年（明治一〇）六月、曳き網や顕微鏡をもって来日し、江の島に行って採集を始めた。そのうちモースは、東京大学の外山《とやま》正一教授から学生のために講義してくれと頼まれ、同年九月よりお雇い外国人教師として、東京大学に招聘されることになった。これは外山がミシガン大学に在学中、モースの公開講義を聞いて感動したことがあったからである。

モース

進化論の導入と生物学者の育成

学術上のかれの寄与の第一は、いうまでもなく日本における生物学ないし動物学発展の基礎を固めたことである。モースは東京大学に招聘されて間もないその年の冬、アメリカで公開講演をする約束ができていたので、五ヵ月間の賜暇をもらい一時帰国した。かれはその期間中に大学図書館のために二万五〇〇〇冊の本を集めたほか、アメリカから戻ってからは江の島に臨海実験所を開いて貝類を多数採集するなど、科学的研究の端緒を開いた。こうした基礎的準備のうえに、東京大学の生物学教室を整備し、動物学、生理学を講義し、佐々木忠次郎、松浦佐世彦らの有名な動物学者たちを育成した。

第二は、以上の科学教育のなかで、一八七七年（明治一〇）一〇月より、ダーウィンの進化論を講義し、わが国に初めてその論を紹介して、大きな影響を及ぼしたことである。

田中館愛橘《たなかだてあいきつ》博士の次のような回顧談(2)によると、モースの進化論講義の様子がよくうかがわれる。

「ドウブツガクが予科二年にあってモース先生が夫れを受持って盛に進化論を講じた。（中略）先生の説かれたのは、ameba（アメーバ）の生活繁殖の状態からworm（幼虫）、crustacea（甲殻類）、insect（昆虫）、fish（魚）、reptile（爬虫類）、bird（鳥）、mammal（哺乳動物）の順序で、極端に云えば物質から生物が出来るかと云う処まで、その間の連続性をヨク例を挙げて、得意の黒板画をカイテ見せた。しかしAgassiz（モースの師アガシー）の実験でそれは出来ない事も教えた。進化と共に退化もあり、不用の器官は漸々萎縮して行く事や、祖先の持っていた特徴は腹の中に孕《はら》まれている間に現われる事を、人間の足の親指が猿の足の様になっている事に由って示された。これはノートに残っている。外にも色々あった。そして折に触れ時に応じて経文（バイブル）にある文言のデタラメなる事をカラカイ半分に説かれた（もちろん経文は単に文字だけ読むのではない位は心得ていた）。上の写真（略）は、Tape worm（真田虫）の繁殖を説いたものであるが、その玉子がイナゴの腔の中でカエルのもあれば、ブタの肉の中でもカエルして Cistercircus（Cysticercus——嚢尾虫）となる。これらの被寄生動物が他の動物に喰われて腸にハイレバ、其処で初めて真田虫になる。猶太《ユダヤ》人は豚を食わないから彼等の中には真田虫がないと説き聞かせた。是は通り一遍の講義に過ぎない。処で、次に出る問題が面白い。即ち、人間の体内にこのCistercircusのある場合がロンドンとケンブリッジで三回程発見された！　是は何を意味するか？　人間が他の動物に喰われるべく運命付けられていることを明かに示している。神様が人間を万物の霊としてお造りになって、これを他の動物に喰わせるようにして置くとはどうした事か？　抔《など》とヒニクッタ。こんな事は殆んど講義毎に出るから、今迄耶蘇教を説いた先生方はタマラナイ。」「西洋人でも耶蘇に反対する人があると云う事は全く耳新しく、して Bible（聖書）に書いてある事はウソダと聞かされたから、他の教師達のキョウコウ（恐慌）も思いやられるであろう。」

モースは大学ではもちろん、東京市内の通俗講演でもこの進化論を行なった。モースの進化論は自然科学の世界だけでなく、当時のわが国の人文科学・思想界にも大きな影響を与え、ダーウィンの進化論を人類社会にあてはめた、スペンサー流の生物学的社会進化論のわが国における非常な流行の端緒をつくった。加藤弘之は一八七四年（明治七）、天賦人権の思想に拠って『国体新論』を著わしたが、のち一八八二年（明治一五）『人権新説』を出版して、これまでの天賦人権の思想を捨て去った。加藤は自らこのことについて次のように語っている。

「ダーウキンの進化論や、スペンサーや、ヘッケル其他の進化哲学の類を読むこととなって、宇宙観・人生観が全く変化したためである。そこで先ず吾人の権利なるものが、決して天賦抔《など》というものではなく、全く進化に依って漸次に出来たもので

大森貝塚の発掘

あるということを論ぜんがために、前掲〝人権新説〟を著述したものである。[3]」

こうした社会進化論は、当時の急進的な民権論に対する漸進主義陣営の有力な理論的武器としての役割を果たしたのである。

人類学の進歩にも貢献

第三に大森の貝塚を発見、研究して、わが国の人類学および先史考古学を開拓したことである。モースはさすがにその方面の学者だけあって、観察眼が鋭く、初めて日本に上陸して横浜から東京に向かう汽車の窓から、大森付近の鉄道工事のあとに貝殻がたくさん出ているのを発見した。かれは、そこを発掘して、土器の破片、人骨、動物の骨などを発見し、その研究成果を東京大学理学部のメモワール（Memoirs 一八七九年刊）に発表した。これはわが国において、貝塚が科学的に研究された初めてであり、同時に考古学、人類学の黎明でもあった。

またモースが、大森貝塚から出た人骨の調査によって、当時この島に住んでいた人間は骨髄を食ったものであると書いたのを幸いに、かれの進化論講義に悪感情をもっていた宣教師関係のお雇い外国人教師たちのなかには、「モースはお前たちの先祖は食人種であったと言っている」などと日本人に吹聴し、モースの人身攻撃をしたものもあったといわれている。

モースの東京大学勤務は、わずか二ヵ年であったが、以上のような輝かしい業績を残していったん帰国、のち一八八二年（明治一五）、再び来日して陶器の収集に当たった。そして帰国後、セーラム市のピーボデー博物館長、ボストン美術博物館の日本陶器類の部長などを務め、一九二五年（大正一四）一二月、セーラムで逝去した。

注

（1）以下、モースに関しては、石川千代松「モース先生」、モース著・石川欣一訳『日本その日その日』（昭和一四年）、『明治文化史』5学術篇（昭和二九年）一二四―一二六ページ参照。

（2）田中館愛橘「一ツ橋から赤門へ（I）」「科学」第四巻第六号（昭和九年）三一ページ。引用に当たっては、現行の漢字、仮名遣いなどに改め、またローマ字を片仮名にした。（　）はほとんど筆者の注である。

（3）加藤弘之先生八十歳祝賀会編『加藤弘之自叙伝』（大正四年）四七―四八ページ。

14　哲学・美学の父、フェノロサ――教育・学術（Ⅲ）

哲学から美学に入った優等生

人文科学の方面に移ると、広くその名を知られているフェノロサ（Ernest Francisco Fenollosa）が代表としてあげられよう。かれは、一八五三年（嘉永六）二月、マサチューセッツ州セーラムに生まれた。同地のハイスクール卒業後、一八七〇年ハーバード大学に入り、当初スペンサーの著書に大きな影響を受けて同大学におけるスペンサー・クラブの設立に努力し、おのずとヘーゲル哲学に深い興味を持つようになった。

その後、美学を好んだノートン教授の影響を受け始め、大学の哲学科を優等で卒業した一八七四年（明治七）の春ごろには、哲学研究から遠ざかるようになっていた。そしてボストンにあるマサチューセッツ・ノーマル・アート・スクールに入るとともにに、ボストン美術館でグルンドマン教授の指導のもとに製図と絵画とを研究した。ちようどそのころ、さきに述べた一八七七年(明治一〇)東京大学に招聘されたモースが、かねて約束の講演をするためにアメリカへ帰ってきた。モース帰国の目的は、講演のほかに、家族を東京に連れて行くことと、東京大学のために物理学者および哲学者を物色することとにあった。

物理学者の方は、科学者の間に多くの知人をもっていたので、オハイオ州コロンバスでの講演のとき、同地のオハイオ州立大学に勤務のメンデンホール教授をえることができた(メンデンホールは一八七八年〈明治一一〉東京大学に招かれて来日し、日本における物理学の端緒を開いた)。しかし哲学者の方は、なにぶんにもモースにとって方面違いであったので、その物色はむずかしかった。やがてハーバードの友人が哲学ですばらしい成績を上げたセーラムの青年フェノロサのことをモースに告げた。同じセーラムの住人、モースはもともと宗教的信仰には無縁で、宣教師でない哲学者を求めていたから、当時、神学からも離れて美術を研究しているフェノロサを勧誘して、東京大学の招聘に応じさせたのである(1)。

ドイツ哲学の移植に功績

こうしてフェノロサは、一八七八年（明治一一）八月、二五歳の若さでお雇い外国人教師として来日した。かれがわが国の人文科学の発展に寄与したところは大きい。とりわけ特筆されるのは哲学、ことにヘーゲル哲学を初めて講義して、ドイツ哲学移入の端緒を開いたことである。

かれは来日以来、東京大学文学部でそれまで空席であった政治学、理財学を担当するとともに、哲学、論理学などを教授したが、とくに力を入れたのは哲学であった。当時アメリカには、まだプラグマティズムは起こらず、したがって固有の哲学がなく、説いたのはドイツ哲学であった。最初の受業生であった木場貞長《こばさだたけ》は、次のように語っている。

「フェノロサは哲学には稍造詣《ややぞうけい》があったが、政治学の方には自信がなく、ポリチカルフィロソフィーを説いた。かれはドイツ哲学が得意で、ヘーゲルやカントを説き、盛んにデュアリズム、アブソルート、アブストラクト、コンクリートというような語を用いてドイツ哲学を論じた。もっとも当時、哲学上の術語の一定の訳語はなく、同級生の井上（哲次郎）と一級下の有賀《あるが》（長雄《ながお》）の作った哲学字彙（明治一四年）によって、初めて用語が定ったのである。」

また同じく井上哲次郎も、次のように言っている。

「フェノロサ氏は、哲学的見地からは大体当時流行の進化論を基調として講義し、これにヘーゲルの哲学をもって加味されたのである。ヘーゲルの哲学には矢張り精神的進化の方面があるので、精神的進化はヘーゲルに拠り、生物的進化はダルウィンの進化論に拠るという態度で、この二傾向を自分から融合統一することに努力された。」

「彼はなかなかの精神家で、潑剌たる元気をもって教鞭をとったので、その講義は如何にも興味をそそるようであった。かつ氏は、俊才ではあったけれども未だ青年の身でそう深い蘊蓄《うんちく》があるわけではなかったからして、勉強しつつ講義するという風で、反って、それが学生と共にするような気分でわれわれ学生に多大の刺戟を与えたのである。[2]」

こうしてかれは、一八八六年（明治一九）まで大学で講義し、アメリカ生まれでありながら、わが国に初めてドイツ哲学を移植し、明治一〇年前後までわが国において支配的であった英仏哲学に代わる、その後のドイツ哲学の台頭、流行の端緒をつくり、わが国の国家主義、国粋保存主義の台頭に大きな影響を及ぼした。かれ以後、ブッセ（Ludwig Busse）のロッツェ哲学、ケーベル（Raphael Koeber）のハルトマン、ショーペンハウエルの哲学などが続き、哲学といえばドイツということに定まった観を呈するようになった。

なお、八ヵ年に及んだ大学での講義を通じて、大きな思想的影響を学生に与え、明治の人文科学の各方面に活躍した人材を育成した功績も大きい。哲学者・井上哲次郎、有賀長雄、三宅雄二郎（雪嶺）、仏教学者・井上円了、宗教家・徳永（のち清沢）満之《まんし》を初め、哲学専攻以外の学生では、教育行政家・木場貞長、経済学者・和田垣謙三、早稲田大学総長・高田早苗《さなえ》、教育家・嘉納治五郎《かのうじごろう》、法学者・穂積八束《やつか》、社会経済学者・金井延《のぶる》らがあった。

とくに徳永はフェノロサを通じてヘーゲルの影響を受け、ヘーゲルの弁証法と仏教の因縁果の理法との関係を研究して、唯心哲学による仏教の基礎付けを行なった。その主著とされる『宗教哲学骸骨』（明治二五年出版）は当時における最も深い哲学書とされている[3]。

日本の伝統美術を重視

これらにもまして大きな業績は、わが国の美学および美術史の発展に寄与したことである。かれは大学で哲学その他の講義をするかたわら、日本美術に興味をもち、やがてその卓越性に着眼して熱心に研究を始めた。

一八八二年(明治一五)五月、かれは、上野公園の教育博物館で、日本の美学史上、注目すべき「美術真説」を説いた。この説はヘーゲル的な美学思想に立ちながらも、「その美学の中の、東洋芸術、ことに狩野派に流れ込む漢画系正統日本画の理解を妨げるような考え方を容赦なく切り捨てたり、変更したりした。そして、たとえば、濃淡といったような、ヘーゲル的西洋美学にはみられないところの、しかし、日本画の理解には欠くことのできない、新しい美的原理を導入した」といわれている(4)。

またそのころ、欧化主義に酔っていた日本人に対して日本美術の長所を維持し、国粋保存に努めるよう極力勧めると同時に、狩野芳崖《かのうほうがい》や橋本雅邦《がほう》などの伝統的画家を保護・激励したことは周知の通りである。

さらに、この関係を通じて、フェノロサは狩野家から日本、中国の古画鑑定法を修得し、狩野永探という号をえるほどに、その道に通じた。今、ボストン美術館の所蔵

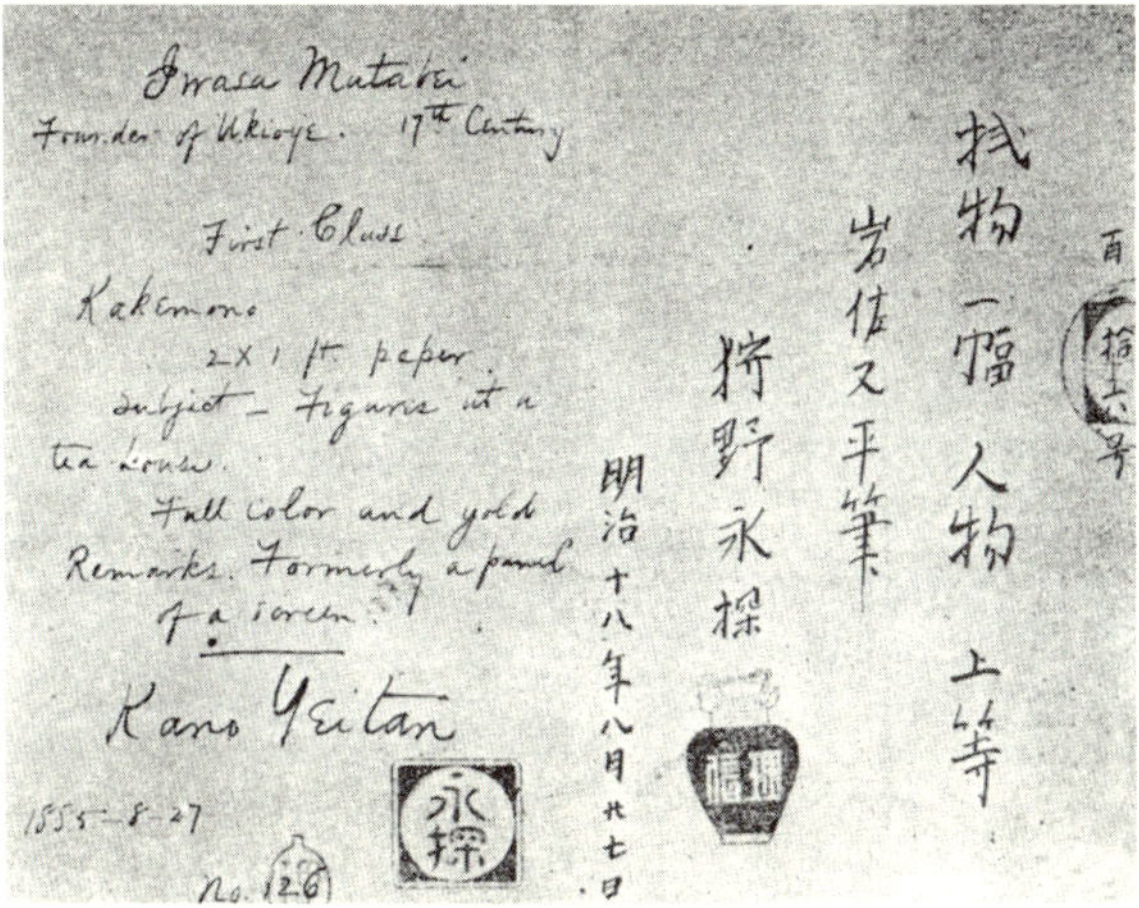
掛物一幅　人物　上等
岩佐又平筆
狩野永探
明治十八年八月廿七日

Iwasa Matabei
Founder of Ukioye. 17th Century
First Class
Kakemono
2×1 ft paper
Subject – Figures in a tea house.
Full color and gold
Remarks. Formerly a panel of a screen.
Kano Yeitan
1885-8-27
No. 126

フェノロサの鑑定書

になっている「平治物語絵巻」のうちの一巻をかれが収集したのも、そのすばらしい鑑識眼からであった。

やがて一八八六年（明治一九）以後、宮内省、文部省に転じて美術方面を担当することになった。岡倉天心とともに海外に派遣されて、美術およびその教育法を調査したのはこのころで、一八八七年の東京美術学校（いまの東京芸術大学の前身）の創立に参画し、開校と同時に講師となって美学や美術史を講義した。またかれは、文部省の日本古物保存調査委員の主査として、法隆寺夢殿の観世音菩薩をはじめ、日本の古美術の数々を自由に調査することができた。

こうした恵まれた条件のうえに、かれの名著"Epochs of Chinese and Japanese Art"(有賀長雄訳註『東亜美術史綱』)が成立した。この著は、一九〇六年(明治三九)の夏三ヵ月で脱稿したものといわれている。フェノロサはその緒論で、「余が此の書を著す目的は、東亜美術の真実なる歴史に向って自家自得(オリジナル)の資料を提供せんとするに在り」といい、また「最善の美術史は美術それ自身なり」と主張した。有賀長雄は、フェノロサの緒論の趣旨を次のように解説している。

「此の序文に於て、フェノロサ先生は、文献に依り、美術史を編纂《へんさん》するの不可なるを論じ、直に美術上の作品其のものに依り、之を編纂すべきことを反覆論議せられたり。(中略)美術作品の鑑識に於ける先生の力は、実に非凡なるものあり。先生此の力を以て美術品其のものに臨み、云々の彫法、云々の画風は、云々の処より来て、云々の社会情勢に源由すると断定し、此の如き断定を合綴し、一の文献にも依ることなくして、日本、支那、朝鮮に関する美術史を編纂せられたり。是れ前人の未だ曾《かっ》て為さず。否、為すを得ざりし所に属し、先生本書の重要なる所以《ゆえん》のもの、一に此に存するなり。(5)」

この著書は、日本の美術をアジアの美術史との関連において、東洋的な芸術精神のうえから、歴史的に位置づけた最初のものとして不朽の価値をもち、日本美術史研究の発展に大きな寄与をしたものである。

かれは、一八九〇年（明治二三）帰国して、ボストン美術館に新設された東洋美術部長となり、同館所蔵の東洋美術品の整理に専念した。

なお、かれは日本の美術を研究するためには、どうしても仏教のことを知らなければならぬというところから、とくに三井寺の桜井敬徳大僧正に帰依《きえ》して仏教を研究していた。その後一八九六年（明治二九）再び来日して京都に住み、敬徳の後継者について仏教を修めた。やがて一九〇八年（明治四一）イギリスに渡って美術研究を行ない、同年九月帰国しようとする矢先に急逝した。遺骨はいったんロンドンに葬られたが、生前の希望に従って、翌年かれが深く愛した三井寺境内に移し葬られて今日に至っている。[6]

注

（1）Lawrence W. Chisolm, Fenollosa: The Far East and American Culture, Yale University Press, 1963, pp.12-31.「フェノロサ未亡人序文」フェノロサ著・有賀長雄訳註『東亜美術史綱』第一巻（昭和一三年）巻頭。

（2）以上の引用は、大塚三七雄『明治維新と独逸思想』（昭和一八年）二〇八―二〇九ページ、および井上哲次郎「フェノロサ及びケーベル氏のことども」『明治文化発祥記念誌』四七―四八ページ参照。
（3）前掲『明治維新と独逸思想』二二七―二二八ページ。
（4）久富貢『フェノロサ――日本美術に献げた魂の記録』（昭和三二年）九九―一〇一ページ。
（5）前掲『東亜美術史綱』第一巻一―二ページ。
（6）『日米文化交渉史』４学芸風俗篇（昭和三〇年）四五七ページ。前掲『フェノロサ』一六八―一七〇、一九五ページ。なお、有賀長雄訳『東亜美術史綱』が、フェノロサの原文に忠実でないことなどについては、前掲、久富貢『フェノロサ――日本美術に献げた魂の記録』二〇二―二一二ページ参照。

第三章　生活とその周辺

1　来日の動機

故国に受け入れられない人々

今までお雇い外国人たちの公的な活動や日本への寄与を見てきたので、これからおもにプライベイトな生活面のあれこれをながめることにしよう。それにはまず来日の動機から始めなければなるまい。

フルベッキのように、初め宣教師として伝道を目指して来日したものを除くと、一般のお雇い外国人が日本からの招聘《しょうへい》に応じた動機には、種々の個人的事情が想像される。しかしここで紹介してみたいと思うのは、その故国で幸福、安静な生活を送ることができず、むしろ逆境にあった人々が目につくことである。

論争に敗れて

初めにロエスレルについて述べよう。かれは論争に敗れ、学界に受けいれられなかったことが来日の動機となった代表的な例であろう。かれは形式的・自由主義的な法治国家を現代社会生活の衝動と要求とに応じた「社会法的国家」へと完成する、という学説を抱いていた。したがって、当時ドイツ法学界の国民自由派の頭首であったルドルフ・フォン・グナイストと相いれず、「自治」の概念をめぐって激しく論争し、その結果、学界の主流から離れることになった。

またかれは、プロシアの主導権のもとに新しく発足したドイツ帝国における国家生活の展開に失望し、一八七七年（明治一〇）には『ドイツ帝国憲法の立憲的価値について』(Über den Konstitutionellen Wert der Deutschen Reichsverfassung) を著わして、ビスマルクのつくった帝国憲法に対する辛辣《しんらつ》な批判を行ない、議会で質疑の対象となった。

文化闘争の波が知識人層を混乱させていた同年秋、かれはカトリック教会に入った。しかし、かれが教授をしていたロ―シュトック大学では、福音派の信者だけしか教授になることができない規則であったので、かれはその地位を去るよりほかなかった。かれの改宗が伝えられるに及んで、ビスマルクは日本外務省顧問としてのロエスレルの就任を妨げようとした。しかし日本政府は改宗問題などは意に介さず、その人材の確保に努めたのである。

ヨハネス・ジーメス教授のいわれるように、学問を続けようとしていたロエスレルが、もしこの時なお教授生活を続けることができたならば、はたして日本側の申し出を受けたかどうか疑問である。しかし、大学内の複雑な事情とドイツの政治情勢とに失望していたかれは、申し出を受けいれ、家族とともに東京に移った(1)。

新天地を求めて

ワグネルの場合は、肉体的、精神的な疲れが日本に新天地を求めさせたよい例であろう。かれはスイス滞在中に頭痛に見舞われ、それ以来、一生涯耐えがたいほどの痛みに苦しんだ。そのため、スイスのラ・ショードフォン工学校退職後、せっかく義兄とともに技術的改良を施した鎔鉄炉を設置しようとした事業も進まず、一八六五年（慶応二）にはカルルスバット（カルロビーバリ）の温泉場で療養を余儀なくされた。のちさらにカッセルに移って静養し、その憂鬱《ゆううつ》を散らそうとして写真術にこった。それはかれにふさわしい娯楽であった。

やがてかれは弟とともに化学工場を設立しようとしてカッセルよりパリへ戻った

が、その事業も思うように進まず、大きな損失となって廃業した[2]。こうした心痛、逆境のもとにあったかれは、さきに述べたリンダウらの仲介で日本で新しい生活の場を開こうとしてやって来たのである。

精神的打撃から

またフェノロサにも同じようなことが見られる。フェノロサの父は、少年のころ強制入隊をのがれるために、フランス式ラッパを吹く軍楽隊の一員として、圧制下のスペインをのがれてアメリカに渡り、セーラムを永住の地とした。母はセーラムの生まれであったが、その祖先はイギリスよりの移民であった。

当時、セーラムはその富と海運業ではボストンをはるかにしのぐものがあり、そこでは実業（business）が成功への道であった。しかし、かれの父は信心深く、自分に忠実であって、こうした土地の風習になじまなかった。そしてもっぱら音楽に打ち込み、名家の貴婦人の音楽教師をして暮らした。

このような家庭環境で、フェノロサはセーラム高等学校に入学したが、その年の秋母が亡くなり、またその翌年の一八六七年夏ごろから芽生えた、セーラムの名門出の金髪のリッジー・ミレー（Lizzie Millett）との恋に破れ、大きな精神的打撃を受けた。その失恋は、かれの詩に“My station far inferior to hers, My habits so disliked by all her friends”（私の身分ははるかに彼女のそれより劣り、私のしぐさはすべての彼女の友達から忌み嫌われる）とあるように、セーラムにおける社会的なプレッシャーがかれに加えられたからであった。もともと神経質であるうえに、母を失っていっそう暗い性格になっていたかれは、彼女の親類や友人からスペイン移民の子であるうえに、暗い、容易に人と打ちとけない少年として受け取られたのである。

その後、すでに述べたように大学を卒業し、ボストンで美術を勉強しつつ不安な生活を送っていたが、一八七七年一月には、父の突然の自殺があり、かれは悲嘆にくれた。父には幸い借金はなかったが、さりとて何の財産もなかった。そうしたさいに、かれはモースから日本へ行くことをすすめられたわけで、それはかれにとっては神の恵みであり、日本政府の給料を受け取れることは、幸運なことでもあった。モースは「給料の半分を貯めることは容易であり、なおかつ立派な暮らしができ、契約は二年であるが更新もされる、ひとたびアメリカにかえれば、講演もできよう」とかれに説いた。モース自身、かれの公開講演で年間五〇〇〇ドルもかせいでいた。

フェノロサとメリー夫人

こうしてフェノロサは東京での地位も決まり、かつての恋人と結婚しても彼女のこれまでの家庭生活とほとんど変わらない程度の生活をさせることができるようになったので、かれはハーバードでミレーに会って再び求愛した。幸いにもその申し出は受け入れられて、一八七八年(明治一一)六月セーラムで両人は結婚し、翌月フェノロサ夫妻は、相たずさえて来日の途にのぼった。夫妻にとって日本への航海は同時に自由な天地を求めてのハネムーンでもあったのである。

ミレー夫人は派手好みで、フェノロサは、一八九五年(明治二八)一〇月、ついに離婚し、かつてボストン美術館での自分の助手であったメリー(Mary McNeil Scott of Mobile)と再婚した。[3] 二人とも既婚者同士で、しかも恋愛で結ばれたというので、ボストンの社交界でフェノロサは不評を買ったという。[4]

ちなみに、フェノロサを勧誘したモース自身も進化論者として、宗教上の関係からアメリカでは大学教授の地位を得られず、かえって新興国日本に来て活動したのである。

注

(1) 以上、ロエスレルについては、前掲「ヘルマン・ロエスラーと日本における独逸国法の採用」上智大学編「ソフィア」一〇巻一号四—五ページ参照。

（2）前掲『ワグネル伝』一〇―一一ページ。
（3）以上、Lawrence W.Chisolm, Fenollosa:The Far East and American Culture, Yale University Press, 1963, pp.15-19;31-32;118-119.
（4）前掲、久富貢『フェノロサ――日本美術に献げた魂の記録』（昭和三二年）一七七ページ。

2　豊かな暮らしのかげに

雇い入れ契約とその心得

お雇い外国人を招聘する場合、政府では人選に深い注意を払って、厳重な契約書を取りかわした。それは、一八七〇年（明治三）二月に布告された「外国人雇入方心得条々」に記されているように、東洋諸国へ来る外国人のうちには、ずいぶんいかがわしい人物もあったからである。

相手方の空宣伝を信用したために、全く雇い入れた部門に適当しないことがしばしばあり、いたずらに給料を費やす結果になる場合もあった。「外国人雇入方心得条々」は外国人を雇い入れるにさいしての細かい「心得」を明示したもので、政府はあわせて職務、雇用期間、給料、食料および旅費、宿舎、雇用中の諸心得などにいたるまで、契約書の規則、雛形を数回にわたって示し、注意するところがあった。

フルベッキの契約書

いま参考のために、フルベッキの契約書を示すと、次のようである。

米国人フルベッキヲ正院翻訳局ニ雇入条約　今般正院翻訳局・質問翻訳ノ為メ米国人フルベッキ氏ヲ雇入タリ其条約左ノ如シ

第一条　米国人フルベッキ氏ヲ明治六年十二月一日ヨリ満五箇年間相雇候事

第二条　フルベッキ氏ハ半ハ法制課ノ翻訳質問ニ従事スヘキ事　但出仕ノ儀ハ其都度々本局幷法制課長ヨリ可相達《あいたつすべき》事

第三条　同氏給料ハ一箇月ニ付日本金貨四百円ト定メ毎月末ニ相渡候事

第四条　同氏へ雇中居宅一宇無賃ニテ貸渡スヘシ、破損スル時ハ政府ヨリ修理ヲ加フヘシ、尤貸渡スヘキ居宅無之《これなき》節ハ相応ノ借家料給与致スヘキ事　但食料家具奴僕等ハ一切同氏ノ自費タルヘキ事

第五条　雇中一切商売ノ節ニ関係不可致《いたすべからざる》事

第六条　日曜日其外政府ヨリ発告スル休日ノ外、同氏ノ随意ニ業ヲ廃スルトキハ其日数ノ給料可引去《ひきさるべき》事　但一六日ハ休暇ニ無之《これなき》事

第七条　雇満期ノ後、尚引続キ雇入ル、トキハ期限以前ニ可相示事《あいしめすべき》

第八条　雇中日本政府ノ便宜ニヨリ雇ヲ廃スルトキハ其日ヨリ後三箇月分ノ給料可相渡事《あいわたすべき》　但期限前一箇月又ハ二箇月ナルトキハ其日数丈《だ》ケノ給料可相渡事

第九条　雇中過失有之歟《これあるか》、或ハ怠惰ニテ其職ヲ尽サ、ルトキハ期限中トイヘトモ雇ヲ止メ、其日ヨリ給料不相渡《あいわたさざる》事　但急症ノ病死或ハ変死アル節ハ直ニ其近傍ノ領事ニ引渡シ其日ヨリ雇ヲ止メ給料不相渡事

明治六年十二月一日

翻訳局長権大内史箕作麟祥（印）
米国人フルベッキ（印）

このフルベッキの契約書は、雇い継ぎのときのものである。したがって、ここには旅費の記載がないが、ワグネルの場合ははじめから「同氏ハ日本在留中雇入ル、ヲ以テ航海旅費ハ往返共給セサルヘキ事」となっている。(1) フルベッキの最初の契約書も同様のはずである。

一八七六年（明治九）に来日して、東京医学校でドイツ語、ラテン語などを教えたドイツ人マエット（マイエット Paul Mayet）の契約書には、次のように定められて

いる。

「第二条　同君エ日本政府ヨリ旅費トシテ六百五拾円普魯士《プロシア》通貨即八百六十六ターレル二拾シルベルグローセン独乙国発程前ニ相渡スヘキ事」・「第五条　日本政府ニ於テハ期限中ト雖モ解約スルノ権アリ、此時ニハ前月々給ノ外其翌月ヨリ後チ三箇月分ノ給料幷ニ東京ヨリベルリン府ノ帰程旅費相渡ス可シ、満期ノ後チ発程スルトキモ同様ニシテ帰程旅費ハ第二条ニ準シ相渡ス可シ。[2]」

一般にお雇い外国人は、以上のような契約書に記された厳格な条件のもとで、日本での生活を送ったのである。

きびしい攘夷思想のなごり

まず明治初年のかれらの生活を、フルベッキを中心に見てみよう。フルベッキは、さきにも述べたように一八六九年（明治二）開成学校（のちの大学南校）に招かれ、その教頭として校内に夫人とともに住んだ。かれは朝早く起きて、朝食前に多くの仕事をし、食後直ちに登校して、午前中三時間、午後三時間、万事を監督するのがつねであった。校内に住んでいる関係から、若い教員なども集まってきて、かれを中心に歴史の回読もし、かたわらバイブルの講義も聞いた。高橋是清も、当時、書生としてフルベッキ邸に住み込んでいて、その講義を聞き、キリスト教信者の一人となったものである。

かれの当初の月給六〇〇円は、当時のお雇い外国人教師として最高といわれ、コックなどもおくことができたので、家庭生活にはなんの不自由もなかったが、一歩外出するとそうはいかなかった。フルベッキ自身、一八九八年（明治三一）に行なった講演の中で、その当時を回顧して、次のように語っている。

「私は政府によって雇われていましたので、いつも別手《べって》（一種の警察官）によって護衛されていました。私が運動や用事で外出するときは、いつでもかれらが護衛しました。私が乗馬すればかれらも乗馬し、私が歩けばかれらも歩いたのです。（中略）そのうち別手の長がやってきて、沢山浪人が東京へ入ったから、暫く外出しないようにいって来ました。やがて一歩も出られない日が、二週間ばかりも続いてウンザリし、それに耐えられなくなって、別手の一人を呼んで、新鮮な空気を楽しませてほしいと要求しました。

そこで、いつもなら二人のところ、四人の別手に護られて、私は放たれたカゴの鳥のように嬉しく家を出ることになり、その時ちょうど二人の肥前藩士が私を訪問していて、かれらも私のお供をして呉れましたので、都合六人、十二本の刀で護られて王子さして出発しました。やがて道灌山の辺まで来たとき、一人の浪人が私を見るや、血相をかえて刀の柄《つか》に手をかけようとしたので、ビックリしました。今にも刀を抜こうとするかのように、柄を握りしめましたが、六人の護衛者のおかげで、無念そうに通り過ぎただけで済みました。しかし、私はこの事件の余りの恐ろしさに、直ちに帰宅し、再び私の住いの中で捕われの身となりえたことを喜んだものでした。」

グリフィスは、フルベッキがいつも注意深く、自分の連発拳銃が整備されているかを調べ、それをサック・コートの右手のポケットに入れて歩いていた、といっている(3)。攘夷思想の残存していた明治初年においては、お雇い外国人はこのような身の危険に絶えずさらされ、つねに精神的な緊張を強いられていたのである。

ふしだらな外国人とその醜聞

これに関連して、やはり大学南校に一八七〇年（明治三）ごろに起こった〝ダラース、リング事件〟というのがある。ダラースとリングはともに大学南校の教師であり、当時護寺院ケ原とよばれた大学南校前の野原の中に別々に建っていた外国人教師の官舎に住んでいた。ダラースの家には、同じ南校教員の深沢要橘《ようきつ》、リングの方には小泉敦《あつし》という教員が、語学稽古のため同居同様にしていた。

そのうちこの二人の外国人が、いつの間にか妾《めかけ》を囲《かこ》うことを覚え、官舎に引き入れることができないので、ときどき妾宅へ泊まりに行く。当時、外国人の妾のことを洋妾《ラシャメン》といったが、二人の日本人教員はその周旋をしたり、あるいは泊まりに行くとき同道したりした。リングの妾は日本橋界隈《かいわい》に住み、ダラースの妾は神田方面に住まっていた。

ある晩、リングとダラースはリングの妾をまんなかにして手をつなぎ、提灯《ちょうちん》を持った小泉を先に立ててダラースの妾の方へ行く途中、いきなり神田須田町の付近の屋台店の並んでいるところでダラースが斬られ、つづいてリングが斬られた。いずれも後から斬られたもので、リングは背中を一太刀《たち》、ダラースは背中と肩先に二太刀を浴びせられた。このとき小泉は、その現場から逃げ帰って、そしらぬ顔をしていた。この事件の真相がわかって、小泉は、〝外国人に妾を世話したり、そのうえ逃げ帰ったとは、男の風上にも置けない奴だ〃というので、一同から排斥を受けて学校から免職された。

やがて斬りつけた者が捕《つか》まったが、かれは「一体皇国の婦人を夷狄《いてき》が引張って行くのが不都合だと思ったから斬りつけた」といったという。負傷した二人の外国人教師は、「しがらき」という待合茶屋で手当てを受けて、元気になり、加害者の助命を希望したが、ついに加害者は斬罪に処せられた。その後、この二人のお雇い教師は官舎へ引き揚げたが、なおも妾を呼んで世話をさせたということである。(4)

お雇い外国人教師のなかには、フルベッキのような、高潔な人格の持ち主もいたが、他面またこのようなふしだらなものもいたのである。

注

（1）以上、内閣記録局編『法規分類大全』第一編外交門四、外人雇使の部参照。

（2）尾形裕康『西洋教育移入の方途』野間教育研究所紀要第一九集（昭和三六年）一三七―一三八ページ。

（3）W.E.Griffis, Verbeck of Japan, pp.235-237 および上塚司『是清翁一代記』（昭和四年）上巻一〇八、一一六ページ参照。

（4）前掲『是清翁一代記』上巻一〇―一七ページ。

3　モースの『日本その日その日』

全国に広がった文明開化の波

以上、明治初年におけるお雇い外国人の生活の一斑を見たが、さすがに一八七七年（明治一〇）以後になると、もう攘夷的風潮は跡を絶ち、お雇い外国人の生活にも、精神的なゆとりが出てきている。

こうした時期の生活を精細に描いているのは、日本滞在中の日記と巧みなスケッチとを基礎としたモースの『日本その日その日』（Japan Day by Day）[1]である。以下、しばらくこの書物によってモースの生活を記してみよう。かれは、初めて横浜に上陸して、翌朝は町見物をし、そして東京へ出た。

「我々を東京へ運んで行った列車は、一等二等三等から成り立っていたが、我々は二等が充分清潔で且つ楽であることを発見した。車は英国の車と米国の車と米国の鉄道馬車との三つを一緒にしたものである。連結機と車台とバンター・ビームは英国風、車室の両端にある昇降台と扉とは米国風、そして座席が車と直角に着いている所は米国の鉄道馬車みたいなのである。我々は非常な興味を以て辺りの景色を眺めた。（中略）十七哩《マイル》の汽車の旅が、一瞬間に終ってしまった。我々は東京に着いた。（中略）

我々の人力車には、肩に縄をつけた男が一人余計に加わった――なんのことはない、タンデム・ティーム（竪に二頭馬を並べた馬車）である――そして我々はいい勢で走り出した。横浜が興味深かったとすれば、この大都会の狭い路や生活の有様は、更に更に興味が深い。人力車は速く走る、一軒々々の家をのぞき込む、異様な人々と行き違う。（中略）これは全く私を混乱させるに充分であった。」

と、一八七七年（明治一〇）の日本について最初の印象を綴っている。間もなく漁村であり遊楽地でもある江の島に実験所を設けたが、そのときのある日の経験についてこう記している。

「午後は横浜に向けて出発。途中小村藤沢に立ちよった。江ノ島に一番近い郵便局はここにある。桑港《サンフランシスコ》からの汽船が着いたので、私宛の郵便が転送されていはしまいかと思って寄って見た。（中略）私宛の手紙を日本の小さな村で受取ること、及び局長さんが、私の名を日本語で書いた紙片をつけた手紙の束を、渡してくれた無邪気な態度は、まったく新奇なものであった。私が単に『モースさん』といっただけで、手紙の束が差出された。他の手紙の配分に夢中な局長さんは、顔をあげもしなかった。（中略）藤沢からの六哩、私はゆったりして手紙を楽しんだ。だが元気よくデコボコ路を走る人力車の上で手紙をみな読もうとしたので、いい加減目が赤くなってしまった。私は日本語をまるで話さず、たった一人で人力車を走らせることの新奇さを、考えずにいられなかった。人々は皆親切でニコニコしているが、これが十年前だったら、私は襲撃されたかも知れぬのである。」

文明開化の波は、東京、横浜からしだいに地方の小村にまで及び、攘夷の日本はすでになくなっていたのである。

日本の住まいとたべもの

当時、政府の役人でない外国人は、横浜の留居地以外に住むことは許されなかったが、東京大学は政府が管轄しているところから、その教師は政府の役人と見なされ、したがって市中どこにでも住む権利を持っていた。モースは、東京大学のお雇い外国人教師となってから、居留地から四哩《マイル》（約六・五キロ）以上も離れた加賀屋敷第五番に落ち着いた。

その住まいの様子を、かれは次のように描写している。

「一九八図は、(2)私が住んでいる家を、ざっと写生したものである。これは日本人が建て、西洋風だということになっている。急いでやったこのペン画は、本物の美しい所をまるで出していない。巨大な瓦屋根、広い歩廊、戸口の上の奇妙な彫刻、椰子《やし》、大きなバナナの木、竹、花の咲いたバラ等のある前庭によって、この家は非常に人の心を惹《ひ》く。

家の内の部屋はみな広い。私が書簡室即ち図書室として占領している部屋は、長さ三十呎《フィート》（一フィートは約三〇センチ）、幅十八呎で高さは十四呎ある。これがこの家の客間なので、これに接する食堂とのしきりは折り戸で出来ている。床には藁《わら》の筵《むしろ》を敷いて、家具を入れぬ情況の荒涼さが救ってある。

夜はたしかに淋しい。頭の上では鼠が駈けずり廻る。天井は薄い板に紙を張っただけなので、鼠は大変な音をさせる。床は気温の変化に伴って、パリンパリンといい、時に地震があると屋根がきしむ。そして夜中には誰でも、確かに歩廊を密《ひそ》かに

モースのスケッチ　1877年（明治10）東京大学のお雇い教師となったアメリカ人モースは、日本に初めて進化論を持ち込み、わが国の生物学発展に不滅の足跡を残した。モースは〝ジャパンティスト〟とあだ名されたほどの親日家で、1917年（大正６）には日本滞在中の日記と巧みなスケッチをもとに“Japan　Day by Day”（日本その日その日）という本を出版したほどだった。このスケッチは同書に収められたものの一つで、彼の研究室を描いている。

Fig. 198

Fig. 171

（左）加賀屋敷第５番と（右）江の島の生活(モースのスケッチより)

歩く足音が聞えたと誓言するであろう。だが、私は押込みや強盗や掏摸《すり》のいない、異教徒の国に住んでいるので、事実、故郷セーラムの静かな町にいるよりも遥かに安心していられる。」

また、上野公園の教育博物館における外国人教師の接待宴の模様を、かれが次のように述べているところからも明らかなように、東京での生活は何一つ不自由はなく、むしろ故国におけるよりも安楽であり、ぜいたくなものであった。

「この接待宴には、教員数名の夫人達を勘定に入れて、お客様が百人近くいた。いろいろ広間を廻って歩いた後、大きな部屋へ導かれると、そこにはピラミッド型のアイスクリーム、菓子、サンドウイッチ、果実その他の食品の御馳走があり、芽が出てから枯れる迄を通じて如何に植物を取扱うかを知っている、世界唯一の国民の手で飾られた花が沢山置いてあった。これ実に、我が国一流の宴会請負人がやったとしても、賞讃に値するもので、この整頓した教育博物館で手の込んだ昼飯その他の支度を見た時、我々は面喰って立ちすくみ、〝これが日本か?〟と自ら問うのであった。」

しかし、ひとたび東京を離れると、こうした欧米風の生活を味わうことができなかった。モースは、すでに江の島の生活において、「ここ二週間、私は米と薩摩芋と茄子《なす》と魚ばかり食って生きている。私はバタを塗ったパンの厚い一片、牛乳に漬けたパンの一鉢その他、現に君達が米国で楽しみつつあるうまい料理の一皿を手に入れることが出来れば、古靴はおろか新しい靴も皆やってしまってもいいと思う」といい、また研究旅行で北海道の小樽まで行ったときのことを、「私は今や函館と、パンとバタとから百哩以上も離れている。（中略）珈琲《コーヒー》一杯と、バタを塗ったパンの一片とが恋しくてならぬ。私はこの町唯一の、外国の野蛮人である」と記している。

注

（1）　Edward S.Morse, Japan Day by Day 1877, 1878-79, 1882-83, Kobunsha Publishing Co., 1936. 以下の引用に当たっては、石川欣一訳『日本その日その日』（昭和一四年、創元社）を用いさせていただいた。文中、仮名遣いなど現行のものに改めた。

（2）　挿図を原書からとったので、従って挿図番号も原書のものを用いた。

4　本業のかたわらで

古墳調査に功績残すガウランド

あまり注意されないことであるが、お雇い外国人の中には、定められた自分の職務のかたわら、本務とは全くかけ離れた思いがけない方面で寄与したものがある。

その第一にあげたいのが、イギリス人ガウランド（William Gowland）である。かれは一八七二年（明治五）大阪造幣寮の分析技師として来日した。大阪に居宅を与えられたかれは、余暇には大阪府下に出かけて、その自然にとくに親しみをもつようになり、ひいては府下に多い上代の古墳に対する関心を高めた。外形の観察、考察に始まり、しだいに内容の調査にまで手を伸ばし、ついには、学術的な遺跡の発掘を行なうようになった。そして来日以来、一八八八年（明治二一）に至る一七年間という長い日本滞在の期間において、さらにそれを広く全国に及ぼし、まだ日本人がこの方面に注意しない間に、各地の古墳を調査し、まとまった研究をした。

その研究結果は、帰国後、『日本におけるドルメンと墳墓』（The Dolmens and Burial Mounds in Japan, Westminster, 1897）および『日本のドルメンとその築造者』(The Dolmens of Japan and Their Builders, London, 1889) として刊行された。[1] 梅原末治博士は、「この書の中に吾々は日本の歴史考古学の基礎の確立を見るのであり、同時に府下(大阪)の遺跡がいかに科学的に調査考察されているかを知って大いに教えられる処がある。教授(ガウランド)の如上の調査は、同時に他の外客の府下の遺跡に対する留意をも馴致《じゅんち》してその海外への紹介となった」と述べている。[2]

ガウランドは、一八八九年(明治二二)出版の後著の中で、「日本にはドルメンがいたって多い。幾百とある中で、私は注意深く四〇六基のドルメンを調査し、一四〇基の実測図を作った」と書いている。かれのいう「ドルメン」とは、今日の考古学でいう古墳時代の後期の「横穴式石室」にあたるものである(明治中期以後に別の形式である「竪穴《たてあな》式石室」が発見され、この竪穴式の方が「横穴式石室」より古いとされている)。

ガウランド

考古学の発展に寄与

明治時代の考古学では、もっぱら遺物の収集が主眼で、遺物を遺跡に即して研究しようとする態度に欠けていた。そうしたころに、ガウランドはいち早く古墳

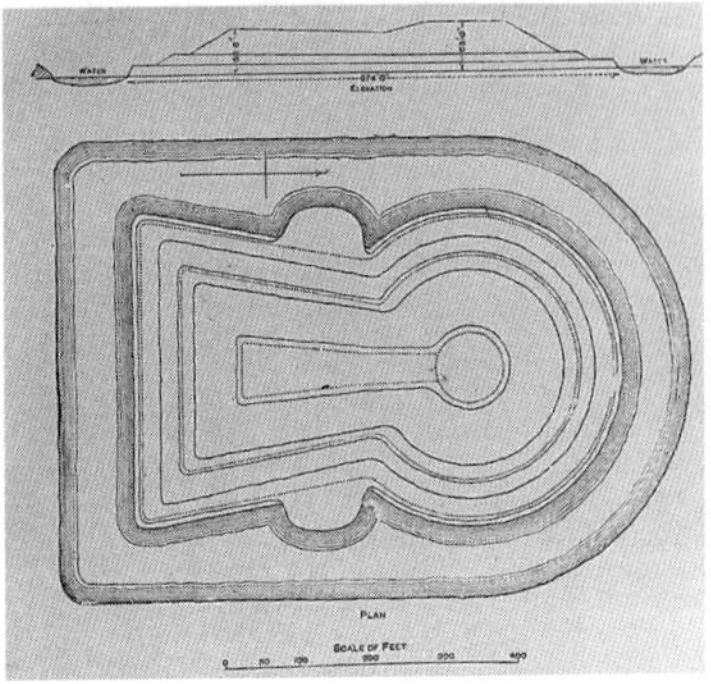

コナベ古墳の実測図

の墳丘や石室なりの実測図に努力を払ったのである。かれは大和のコナベ古墳の実測図を作り、点線で埴輪《はにわ》円筒列を示し、その列の長さは、外堤のものを除いても、延長一哩三分の一（約二一五〇メートル）をこえ、その数も四七四〇個をくだるものではないというような計算をしている。そしてこの円筒列は、墳丘や外堤の土崩れを防ぐためにめぐらされたものであろうと推論している。しかし、また一方では、円筒列の中には、土崩れを防ぐに必要な位置から八呎《フィート》（約二・四メートル）も離れたところにも埋められていることの意義がわからないという疑問を出している。これは、遺跡に即して研究したガウランドならでは示すことのできない学問的態度である。

後藤守一氏は、このかれの態度を高く評価するとともに、「若しガウランドの友人に日本の風俗なり、日本の歴史なりに通じているものがあったら、垣を繞《めぐら》すを好むという習慣を考慮に加え、啻《ただ》に埴輪円筒列だけでなく、埴輪の意義にも明解が与えられ

たであろう」と惜しんでいる。(3)

なお、かれは前著の中で、日本人の「ドルメン」営造の終期を考え、それをざっと西暦六〇〇―七〇〇年の間においた。その年代推定の決め手として、かれは「ドルメン」から出る鉄刀の形式、技術、装飾文様を取り上げ、それらが正倉院のコレクションと異なることを指摘した。とくにドルメン時代に広く見られる鉄器装飾として鉄地銅張りの変わった手法は、正倉院に一つも見出されないといっている。

これらの説の当否は、考古学者の批判に任すとして、総じてかれの研究には、金属の使用について細かな考察が行なわれているのが特徴で、そこに金属の分析技師としてのかれの持味が十分に反映しているのが、われわれの関心をそそるのである。かれは、モースのように大学の教師という地位にいなかったし、また直接かれに従って調査を助けたものもいなかったので、かれの先進的な古墳研究は、明治時代における日本の考古学に直接影響を与えることはできなかった。

しかし、大正・昭和時代に入ってかれの著書を読んで啓発されるものも多くなり、浜田耕作博士らによって、その業績は批判的に継承され、日本考古学の発展に寄与するものとなった。ガウランドは一八四二年（天保一三）サンダーランドの生まれで、一九二二年（大正一一）八〇の高齢で逝去した。

青森リンゴを育てたイング

次に、これに類するものとして、政府雇い（官傭）でない私雇いの中から、しかも地方で活動した一人のお雇い外国人教師を紹介しよう。

それは東奥義塾のアメリカ人ジョン・イング（John Ing）である。[4] 今日なお弘前市に存続する東奥義塾は、もと津軽藩の藩校稽古館、漢学寮、英学寮、弘前漢英学校の流れを汲み、一八七二年（明治五）菊池九郎らが旧藩主の援助のもとに創立した私立学校で、とくに英学に力を注いだ。明治初年、全国各地の英学校はいずれも福沢諭吉の慶応義塾より教師の供給を仰いだが、この学校もそうで、校名の命名にもその緊密な関係が現われている。

イングは、一八四〇年（天保一一）インディアナ州に生まれた、もとアメリカ騎兵少佐で、のちメソジスト派の宣教師となった。一八七四年（明治七）一二月、東奥義塾に招聘される前は、中国の九江で伝道に従事していたが、帰国の途中、横浜で塾頭菊池九郎に会って、弘前に赴任することになった。塾頭以下各職員五円以下、二、三円の月給で甘んじていたのに、かれは一ヵ月、日本金貨一六七円で英学教師として雇われ、英語、理、化、数、博物、史学を熱心に教授した。

かれは自然科学の教授に当たっては、実地について新知識を与え、岩木山の高さの測量法を教え、または石塊を路上で拾っては鉱物学を講じたといわれている。このような教育方面のほかに、かれは農業を奨励し、アメリカよりトマト、アスパラガス、レタス、キャベツ、グーズベリーなど各種の西洋野菜、果樹の種子、苗木を移植した。とくに初めてリンゴを弘前へ紹介、移植して、のちに青森県下随一の産業になる基を築いた。このことは校史にも「特筆大書すべきである」とされている。

イング夫妻と愛息

もっとも最近では、イングがアメリカより十数本のリンゴ苗木をもたらし、一、二の人に分譲して家の回りに栽培させたのが、青森県に最初にリンゴ苗が輸入された始まりだというのは誤りである、という説が出て（一九三九年）、『日本農業発達史』もその説をとって次のように記している。

「明治八年十二月のクリスマスにイングの私宅に招かれた塾頭及び生徒一四、五名は、その席上ではじめてリンゴを見たが、〃同級生一同紙包の果物これは林檎《りんご》なりと承り大に驚き申候、その当時の地方の林檎と余りに大きく名の付け様これなく西洋林檎とこれを称え候〃というほどの驚嘆をしたのである。塾頭菊池九郎は試食後その種子を取って明治九年の春邸内に播種《はしゅ》したのである。

ところがその実生苗《みしようなえ》の中から後年の〝印度〃が育成されたのであって、その品種名の印度はイングの転訛《てんか》したものか或はイングの郷里インディアナの略称をつけたものかと云われているが、いずれにしても〝印度〃と同一品種は世界各国にも存在しない事実から見ても実生によって変異したものと考えられている。従ってわが国におけるリンゴの新品種育成の嚆矢《こうし》は菊池九郎による〝印度〃であり、恐らくイングのもたらしたものは〝白竜〃（ホワイトウィンターペアーメイン）であったろうと云われている。（中略）ジョン・イングのもたらした白竜がどこで産出したものかということは詳《つまびら》かにしない。ただイングは食糧品その他の日常用品を当時の貿易港であった函館から取寄せていたことは事実で、（中略）リンゴも函館から輸入されたものであろうと云われている。」

しかし、たとえイングがリンゴの苗木を移植しなかったとしても、その栽培を奨励したことは間違いなく、かれが青森のリンゴの発展に大きく寄与したことは確かであろう。

東北出身者に留学の道開く

なおつけ加えておきたいのは、かれが本多庸一《よういつ》（津軽藩稽古館出身）といっしょにキリスト教の伝道をして、塾生の精神生活に大きな影響を与えるとともに、海外留学に新しい途を開いたことである。第一回は一八七七年（明治一〇）六月で、自分の母校インディアナ州アスベリー（Asbury）大学に、当時の義塾優秀生珍田《ちんだ》捨己《すてみ》、佐藤愛麿、川村敬三、菊池軍之助、那須泉の五名を紹介し、米国留学生の実現に尽力したが、その後、義塾から先輩の風を望んでアメリカに留学するものが多かった。

一般に東北諸藩出身の人々は、明治の初め、薩長勢力に抑えられて中央の官界などに進出することができず、不遇な立場に置かれた。そのため、優秀な人材はこの義塾に集まり、新知識を習得して渡米するなど、将来の活躍に備えてその実力を蓄えたものである。

津軽藩士の子に生まれた、さきの珍田捨己が、のち外務次官、駐独・英大使として活躍したのはその一例である。(5) 教育のかたわら、地方産業の発展にも寄与したイング夫妻は、一八七八年（明治一一）帰国した。

注

（1）両著は、ともに北野耕平氏所蔵のマイクロ・フィルムで借覧した。
（2）梅原末治「大阪府下に於ける主要な古墳墓の調査其一」『大阪府史蹟名勝天然記念物調査報告』第三輯九─一〇ページ。
（3）以上については、後藤守一「ガウランドの古墳研究」「あんとろぽす」第一巻第二号（特輯近代日本文化黎明期に貢献せる外人、昭和二一年）、上田宏範「ゴーランド氏の小奈辺古墳の調査について」『奈良県史蹟名勝天然記念物調査抄報』第四輯（昭和二四年）参照。
（4）以下については、池田哲郎「津軽の英学──弘前東奥義塾を巡る明治初年の英学」福島大学学芸学部「論集」一五号の二（人文科学）（昭和三九年）、東奥義塾編『東奥義塾再興十年史』（昭和六年）、農業発達史調査会編『日本農業発達史』第五巻（昭和三〇年）四二七─四二九ページに負うところ大である。
（5）菊池武徳『伯爵珍田捨己伝』（昭和一三年）参照。

5　ベルツの日記から

冷静なる審判長

お雇い外国人として、日本での日々の生活体験を最も長期にわたって書き残したのは、ドイツ人ベルツ（Erwin von Baelz）である。

かれは一八四九年（嘉永二）南ドイツ、シュワーベンの小さな田舎町ビーティヒハイムで一建築技師の次男として生まれ、ライプチヒ大学で医学を修めた。一八七六年（明治九）ライプチヒ大学の講師になり、同年六月官立東京医学校（のち東京大学医学部）の生理学・病理学講師として招聘されて来日し、のちに内科学、薬物学、産婦人科学なども講じた。

わが国の医学教育がドイツを模範とし、教師をドイツから招聘する方針が決定したのは、明治初年、フルベッキの証言によったもので、一八七一年（明治四）、ドイツからミュラー（ミュルレル Benjamin Carl Leopold Müller）とホフマン（Theodor Eduard Hoffmann）の二人が来日して、ドイツ医学を初めて移植した。ベルツもこの流れに沿うたものである。

ベルツ

ベルツの『日記』は、一八七六年（明治九）来日以来、一九〇五年（明治三八）六月帰国するまで（ただし一九〇二年〈明治三五〉退官）続き――ただ惜しいことに始めの方に五年間、後の方に三年間の欠落がある――三〇年間も日本に在留し、朝野の事情に精通した見識ある一外国人が明治日本の歴史的推移を観察し、忌憚《きたん》のない批評を加えたものとして、得がたい文献である[1]。ここではその日記から、かれがお雇い外国人としての立場において、日本および日本人に対していかなる印象をいだいたかをうかがうことにしよう。

一般に来日したお雇い外国人が、日本を贔屓目《ひいき》に見たのに対して、ベルツはかれ自身、「冷静なる審判者として来朝せる者で、断じて妄愛者として来れる者ではない」と言明している。

(1)「一八七六年（明治九）十月二十五日」の条

余は単に行為のみならず、又助言を以て日本人と協力する事に、余等欧人教師の重大なる使命を見出だすのである。而してこの為めに必要な事は、余等欧人教師は、必ずしもすべての欧羅巴《ヨーロッパ》文化を此の地に移植するのみでは無く、先ず日本文化域に存する価値多きものを検出し、（中略）現在と未来の甚だ急激に変化せる必要に適合する様に為すことである。（中略）今日の日本人は（中略）過去に引け目を感じているのである。（中略）新興日本人にとり、何処迄も重要なる事は、新奇の従来に見ない施設・制度を賞讃すると同様に、自らの古代文化の真に合理的なるものを尊敬することである。

(2)「一八七九年（明治一二）四月二十二日」の条

本日、天皇陛下の御親臨により医学部の開業式。（中略）すべての式の次第と経過は余等独逸人教師を侮辱すると言ってよい程のものであった。（中略）式場演説に於て、余等に対して一片の感謝の辞すら聴《き》かれなかったのである。（中略）日本人は条約改正の動議を諸外国に為したが成功しなかったのであった。（中略）ただ亜米利加《アメリカ》合衆国だけが、日本にとり有利なる基礎の下に新条約を締結するよう準備して居るようだった。之は苦い丸薬であったのだ。そして政府は、今では——新しい外人は雇うな、又日本で既に就任中の外人も成る可く速かに放逐しようとの標語を示したのである。

此の方針に於ける第一歩は、兵学校を指導して居た二十三名の英国海軍軍人の突然の解雇であった。第二は、今日の開業式に於ける独逸人無視であった。日本人が余等を直ぐ様放逐しようとは、余は実際信じては居ない。彼等は未だ単独にて経営し得ないことは、東京では総べての者に善く分って居るからである。併し日本人は少くとも風の吹き廻しが違って来たぞと言う事を、余等に知らせたかったのであった。

祝賀会での演説

(3)「一九〇一年（明治三四）十一月二十二日」の条

本日、余の為めに同僚並に前学生が、余の来朝二十五周年を祝し、盛大なる賀宴を実《みの》りの秋の装い絢爛《けんらん》たる植物園にて催した。（中略）終わりて余自身が演説をしたのである。演説は次の如し（中略）——一外国人が日本に於て、同一官庁の職員として二十五周年を祝われるのは、今回が空前にして恐らくはまた絶後であろう。是れは言わば、帝国大学との銀婚の祝宴である。但し世間のそれは弥々末長くというわけであるが、余の場合は永久の破鏡が目前に迫って居るのである。然りとは言え、医科大学に対しては、之は同時に元服を意味するのである。三十年の久しきに亘り、外人が医学校にて働きし後を受け、明年より日本人は単独にて仕事を続行する予定である。此《こ》は全く無理からぬ願望であり、又全く自然の成行きである。（中略）日本人同僚に此の能力あるは、露些《つゆいささ》かも疑い無き処である。されど光ある処また影あり。日本の真の友、熱烈なる友なる以上は、余は又この陰影面をも沈黙もて素通りする事は出来ぬのである。（中略）

余は一事のみ指摘致したい。（中略）余の見る所に拠れば、日本人は屢々《しばしば》西欧学術の発生と本態とに関し、誤まれる見解を懐き居るのである。日本人は、学問を目して一の機械となし、年《ねん》がら年中、其れから其れへと夥《おびただ》しい仕事をさせ、また無制限に何処へでも運搬し、そこにて働かし得るものと考えて居るのである。是れは間違いである。西欧の学界は機械に非ず、一の有機体にして、他のすべての有機体と等しく其の繁殖には一定の気候、一定の雰囲気を要するのである。（中略）西欧の学問的雰囲気も亦、宇宙と地球との謎の解明に側目《わきめ》も振らざる無数の傑出せる学者が幾千年努力の結果である。これは荊棘《いばら》の道にして、（中略）欧羅巴人が到る処肌身離さず世界の端迄も携えて行く精神である。

しかして、諸君！　臨場の諸君も亦、最近三十年間に於て多数の右精神の遵奉者を仲間に持ったのである。西欧諸国は諸君に教師を送り、それ等の教師は熱心に右精神を日本に移植し、日本国民に適応せしめんとしたのである。世人は彼等の使命を屢々誤解した。世人は彼等を目して学問の果実《このみ》の切売商人と做したのである――教師は元来学問の培養者たる可きであり、彼等も亦然《しか》あらんと努力せしに係らず、人々は外人教師より、今日の学問の結実のみを採らんと欲した。然るに彼等は先ず種子を蒔かんと考えたのであった。この種子が芽を吹き、日本に於ける学問の樹が人手を借らずに発育するように、又この樹に正しく手入れして、愈々《いよいよ》新らしく愈々美わしき果実を着けるよう欲したのであった。然るに日本人は教師から最新の収穫

を受取る事で満足して仕舞ったのである。この新しき収穫を齎《もた》らす根元の精神を学ぶことをせずに。（中略）

諸君！　目下日本の経済界に於ては、外国資本の招致に関する議が頻《しき》りに起って居る。然るに諸君には既に豊富なる精神的資本が西欧より自由に提供せられて居ったのであった。然るに諸君は資本に依り巨利を博し得る機会を恵まれたに係らずに、僅かに資本の利子を費《つか》うだけで満足したのである。今は遅れを取り返えす絶好の時期である。軈《やが》て日本に於ける外人教師は、ほんの僅かとなるであろう。余は諸君に勧告する。彼等の活動に対して一層の自由と一層の機会を与え、且また彼等の授業の外に、彼等と私的接触を保つよう努むる事を。（中略）諸君にして余の勧告に従えば、諸君は講堂にては学び得ない（欧羅巴の講堂でも駄目）——学者自身との交際に於てのみ知り得る精神を、より多く識《し》るに至るであろう。又講壇にて講義せられる教材の出処たる精神の工場を覗《のぞ》き込み得るのである。此の精神境に到達するのは容易では無いのだ。是れは持《じ》する処甚だ高くして、多くの場合人間生活の全時間を要求する底《てい》のものである。諸君！　諸君は余を信じられよ。

日本の真の友

以上、時代を追って長々と引用したところは、いずれもベルツが日本の近代化ないし西欧化の浅薄さを批判したものであり、一面ではお雇い外国人に対する日本人の態度の変遷を示している。

最後にあげたかれの演説は、長い滞日生活の間に、不快な思いを時には経験しながらもそうした個人的感情をこえて、「学問を産まんと欲すれば須《すべか》らく先ず学問の精神を養わねばならぬ」と、日本の将来に忠告を試みたものとして、今日なおわれわれの味読すべき言葉といえよう。

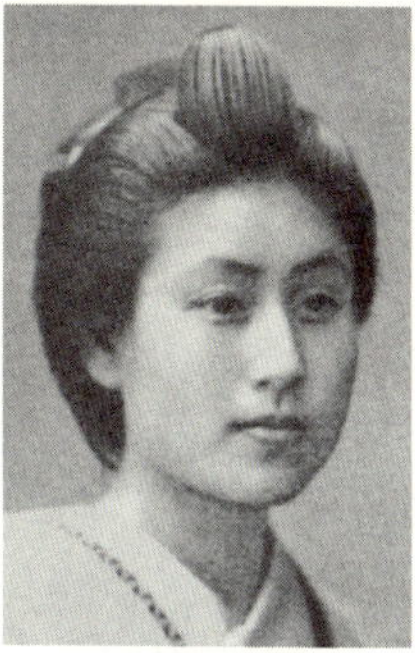
ベルツ夫人ハナ

こうしてかれは日本の真の友として公職を果たしたが、また一面、日本人を妻とし、日本人の生活態度、風俗、心理状態にも十分の理解をもっていた。妻の花《ハナ》に、そして息子の徳《トク》、娘の歌《ウタ》らに寄せたベルツの愛情の深さは、『日記』を読むすべての人々を感動させるであろう。

ベルツは、一九〇二年（明治三五）退職し、一九〇五年六月九日、妻を連れて帰国の途についた。やがてかれは一九一三年（大正二）故国のシュツットガルトで六四歳で没した。

かれは日本を発つ当日の『日記』に、こう記している。

「五時三十分の列車にて東京なる新橋駅を立つ。無数の人々が見送りに来た。まことに晴れがましき別離ではあった。が、始めて生国を去る荊妻《けいさい》花にとっては余よりも一層悲しいものがあったに違いない。しかも再帰はいつの日か測られないのである。妻は生粋の江戸児で、京都或は神戸に淹留《えんりゅう》してさえも、暫くすると愛する江戸に帰りたがる程であった。然るに余は妻の口から生国を去る悲嘆を訴える一語すら聴かないのである。一滴の涙さえも見ないのである。されど余は妻が、将に訴えんとし、将に泣かんとせし心情をばよく知っている。平素妻は、余に対して何一つ隠《し》し立てをしないのである。だが、別離の苦痛だけは自分の胸にのみじっと抱き緊めているべきだと信じているのだった。(下略)」

このベルツ未亡人花(花子)は、のちに帰国して晩年を東京で送り、亡夫ベルツが貢献した縁も深い東京大学医学部附属病院で、一九三七年(昭和一二)二月、静かに息をひきとった。

注

（1）　浜辺正彦訳『ベルツの日記』（昭和一四年、岩波書店刊）参照。以下の引用はすべて本訳書によるが、仮名遣いは現行のものに改めた。

6　永住したもの・帰国したもの

日本に永住したフルベッキ

お雇い外国人のほとんど全部が、契約満期後、それぞれ母国に帰ったが、なかにはさきに述べたように、日本に永住したものもいた。今、ここでは永住者のなかからすでに読者に親しい人となったフルベッキを、帰国者のなかからシャンドを取り上げて、その人生の明暗を眺め、お雇い外国人の後日談の一部としたい。

フルベッキは、さきに述べたモルレーが文部省に来るうわさが立つと、やがてもう自分はいらなくなるだろうと考え、どこかに適当な家を探そうとしたが、なかなか見つからなかった。そこで屋敷を買って小さくても自分の家を建てたいと思い、書生であった高橋是清に対して、ぜひ家を物色し、その名義人となって登記してほしいと依頼した（その当時は条約改正前であるから、外国人の不動産土地所有権が認められていなかった)。

高橋は、フルベッキ先生が、当時開成学校教頭、文部省顧問として高官とずいぶん交際があるのに、一介の貧乏書生に頼まれるなどはよくよくのことであろうと考え、駿河台の鈴木町に家屋敷を世話して引っ越しをさせたという。やがて一八七八年(明治一一)フルベッキはもとの宣教師に戻る決意で、家族をつれてアメリカに帰った。

かれは、一八七七年(明治一〇)一一月、元老院雇いが満期解約となってのちは、翌年七月まで華族女学校の課外講師を務めた。しかし、帰国に当たって、「自分は日本政府からたくさんの俸給をいただいていたが、今、財産として残っているのはなにもない。ただ、この邸宅ぐらいのものだ。今度帰国するについては、どうにかしてこの邸宅を売ってもらいたい」と高橋に売却を頼むほど生活に困っていた。

帰米後、物価の安いといわれたサンフランシスコに一時落ち着いたが、とても九人の家族を支えることができず、かれはかえって〝皆が親切で、生活も経済的にゆけた〟日本に再び戻って来たのである。そして、この度は、さきにも少し触れたように、宣教師として聖書、賛美歌の翻訳や伝道に努めた。

しかしかれは、宣教師仲間ではあまり気受けがよくなかった。大学南校時代から、政府より手厚い給与を受けていた関係で、仲間の宣教師らは、ひそかにこれをねたみかつ非難していたが、二度目の来日の時も、なおそうした白眼視が続いていた。

破格の特許状

そのためにかれは、しんみりした調子で、「自分は今宣教師をやっているが、いっそのこと日本に帰化したいと思う。日本政府から月百円の給与を保障して呉れるならば、それで自分は食って行けるから、日本人として一生を日本に仕えたい」とその希望を訴えたことがあった。(1) この希望はついに実現しなかったが、一八九一年（明治二四）七月、無国籍の外国人として日本政府の保護を求めた。そこで政府は、時の外務大臣榎本武揚の名においてその申し出を認め、フルベッキの多年の功労に対して、日本の近代史上、全く破格の特許状（Special Passport）を外務省から交付した。

かれが無国籍人として扱われたのは、〝五ヵ年以上在国しない時は国籍より除かれる〟というオランダの法規によって、同国の国籍を失っており、またアメリカでの居住期間が帰化を許されるのに十分でなかったためである。

その特許状は、フルベッキとその家族に対して、日本人同様、わが国のいかなる所へも自由に旅行し、各地に滞在住居することを許可したものだが、外国人の内地雑居問題が条約改正上盛んに論議されていた当時に、外務当局がこうした挙に出たのは一

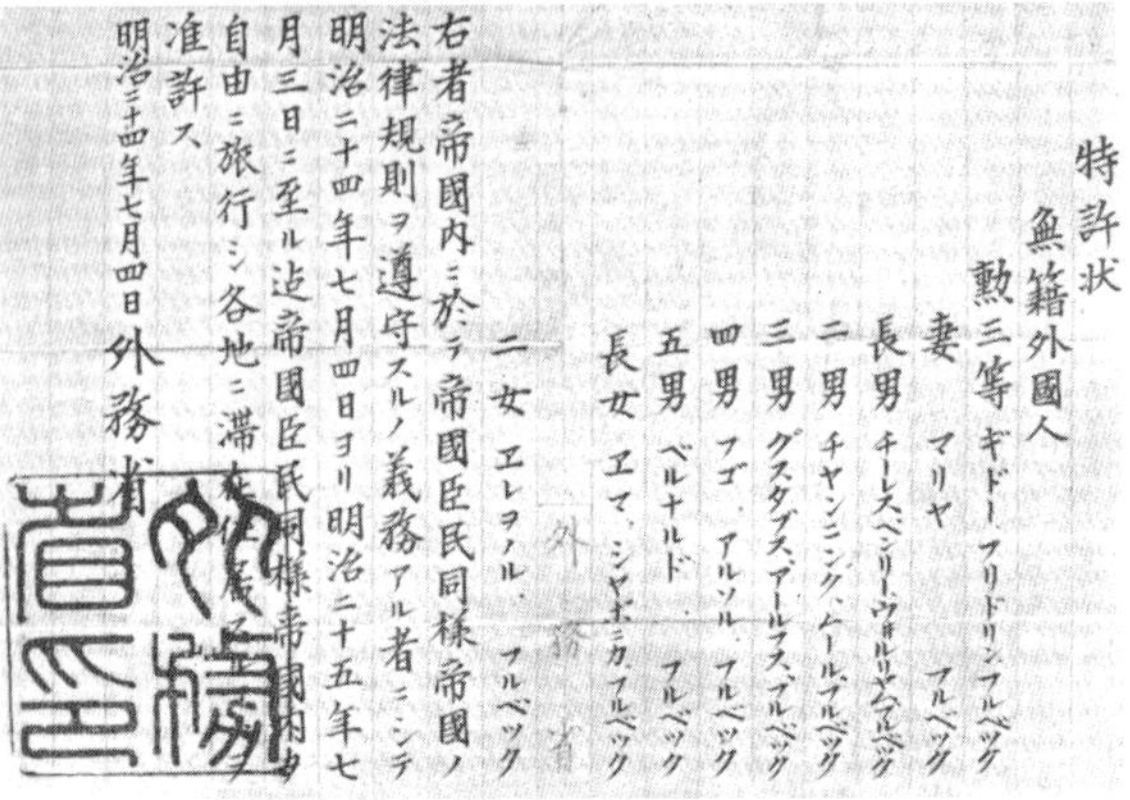

特許状
無籍外國人
勲三等 ギドー フリドリン フルベッグ
妻 マリヤ フルベッグ
長男 チーレス ベンジリー ウォルリアム フルベッグ
二男 チヤンニンク ムール フルベッグ
三男 グスタブス アールフス フルベッグ
四男 フゴ アルソル フルベッグ
五男 ベルナルド フルベッグ
長女 エマ ジヤポニカ フルベッグ
二女 エレヲノル フルベッグ
右者帝國内ニ於テ帝國臣民同様帝國ノ法律規則ヲ遵守スルノ義務アル者ニシテ明治二十四年七月四日ヨリ明治二十五年七月三日ニ至ル迄帝國臣民同様帝國内ヲ自由ニ旅行シ各地ニ滞在スルヲ准許ス
明治二十四年七月四日 外務省

フルベッキの特許状

フルベッキの碑

大英断であり、非常な優遇といえよう。フルベッキは、こうしたかたちの保護を受けたが、その晩年を地位的にも経済的にも恵まれない境遇のうちに送った。かれは一八九八年（明治三一）三月、六八歳の生涯を東京虎ノ門外の葵坂で閉じ、青山墓地に葬られた。(2)「近代日本建設の父」といわれるかれにしては、誠に悲痛な晩年であったのである。

同年九月、かつての門下生や知人は、相協

力して「故フルベッキ先生紀念金募集主意書」を配布し、その募金によって青山に眠るフルベッキのために建碑した。

帰国後も日本を助けたシャンド

さて、シャンドが、一八七八年（明治一一）イギリスに帰って、やがてパース・バンクの重役となったことはすでに述べた通りであるが、かれは帰国後も明治日本の展開のうえで大きな役割を演じたのである。それは、グリフィスやモルレーなどが、帰国後、日本に関する著作や講演に活動したのとはまた別個の意義をもっていた。

帰国後のシャンドと日本との交渉にも、高橋是清が関係している。高橋はフルベッキ、モルレーなどを知る以前、まだシャンドが横浜のマーカンタイル・バンクにいるころ、かれのボーイとして銀行に雇われ、住み込んでいたことがあった。当時、高橋は一三歳の少年で、銀行の馬丁やコックらと一緒になって酒を飲み、ずいぶんイタズラもした。

毎日鼠取りで鼠を捕えては、シャンドのビフテキ焼きで焼いて食べていたが、いつの間にかそれを見つけられ、「私の道具で鼠を焼く事だけは止《よ》して下さい」とおだやかに言われたという。またシャンドのベッドに取り付けてあった西洋蚊帳《かや》のへりに、重りとして付けてあった天保銭を馬丁どもにそそのかされて石と取り替えたこともあったということである。

外債募集に陰の功労

その後の高橋とシャンドとの関係はつまびらかでないが、明治三〇年代、銀行家として成長した高橋が、政府の外債募集のため数次にわたって渡英した際、少なからずシャンドから援助を受けた。

一八九七年（明治三〇）三月、正金銀行の副頭取になった高橋は、翌年、正金銀行の在外各支店の事務および金融事情を視察のため欧米に出張したが、そのとき、井上馨蔵相から二億円ばかりの外債を起こす必要があるので、内密に瀬踏みをしてほしいと依頼された。そこで高橋は、同年四月末ロンドンに着き、当時パース・バンクのロンドン支店長をしていたシャンドに、公債募集の可能性について意見を聞いた。

またかれの紹介で、パース・バンクの重役ウイリアム・ダン、同行ロンドン支店支配人ホーエ、手形取り扱い銀行業者フレーザー、ロンドン商業会議所会頭モールレー、スターチスト誌のロイド、チァタード・バンクのバッドらに会って、これらの人々からも種々意見を聞くことができた。

高橋はこう書いている。

「シャンド氏は非常に親切な人で、御維新前、我輩が横浜で氏のボーイをしていた時代のことを話しかけると、シャンド氏は直ぐにそれを避けて、どうしてもそのことをいわせまいとする。これは我輩に対してばかりでなく、今大久保利賢の家内になっている娘の和喜子が、その後ロンドンで同じくシャンド氏と知合になってから私の父は横浜で貴方の御世話になっていたそうです、といった時も、そんなことは知らぬ、覚えていない、といってそらしてしまい、何といっても受付けなかったということである。実に能く心を使った人で、この人の我輩に対する態度は、常に誠と敬とを離れざる実に敬服すべき人であった。」

高橋は帰国後、隈板《わいはん》内閣の成立によって交代した憲政党の松田正久蔵相へ、「五千万円か一億円位までなら四分利付で九〇％ないし九五％まで発行が出来ましょう」と報告した。

一八九九年（明治三二）一二月、日本銀行副総裁となった高橋は、再び外債募集の任務を帯びてアメリカ、イギリスに渡った。それは一九〇四年（明治三七）二月、日露開戦の直後であった。

アメリカでの募集が困難であると認めたかれは、さっそく三月に、イギリスに渡り、パース・バンクのロンドン支店長をしていたシャンドに会い、その紹介で、頭取のバー、本店支配人ダン、また香上銀行、チァタ—銀行、ユニオン銀行などの幹部や、ベアリング商会のレベルストック卿、仲買商パンミュール・ゴールドン商会のコッホ、レビタらと懇親を結び、英貨公債一〇〇〇万ポンド募集の希望を告げたのである。

米英同時の起債に成功

四月一〇日ころになってようやく銀行業者から、①ポンド公債とすること、②関税収入を抵当とすること、③利子は年六分、④期限五ヵ年、⑤発行価額九二ポンド、⑥発行額最高限度三〇〇万ポンドの条件が提出された。高橋は政府と打ち合わせのうえ、発行最高限度を五〇〇万ポンドに、期限を七ヵ年に、発行価額を九三ポンドに訂正することを主張し、ついに四月二三、四日ころイギリス銀行家の譲歩、承諾をえて仮契約が成立した。

このあと、高橋の友人ヒルが、その成立を喜んで自邸での晩餐にかれを招待したとき、たまたま、ニューヨークのクーンロエブ商会（Kuhn Loeb & Co.）の首席代表であるシフ（Jacob H. Schiff）に紹介された。シフは席上、高橋から日本の経済事情や政府の外債募集のことを聞き、政府希望の一〇〇〇万ポンドに対し半分の五〇〇万ポンドしかイギリスで応募を得られなかったことも知った。翌日、シャンドが高橋を訪ねてきて、実はパース・バンクの取引先のクーンロエブ商会のシフが、日本公債残額五〇〇万ポンドを自分が引き受けてアメリカで発行したい、との希望をもっていることを告げた。やがてこの話はまとまり、イギリス、アメリカで一時に一〇〇〇万ポンドの公債発行ができるようになったのである。

こうして、五月一一日、第一回六分利付き日本公債発行が公表されたが、ちょうど、鴨緑江での日本軍の勝利が報道された直後であったので、両国で予想外の人気を呼び応募は発行額の数倍に及んだ。開戦以来、激しかった日本正貨の海外流出も止まった。

シフが一晩のうちに公債を引き受けた真意は、かれがアメリカにたくさんいるユダヤ人のいちばんのリーダー（一九〇六年、アメリカにユダヤ人委員会がつくられたときの初代委員長）で、帝政ロシアの虐政から同族を救い出そうとしており、その手段として日本を援助し、戦争の影響によってロシアの政治が変革されるに至ることを期待したものであった。

その後、引き続き第二回、第三回と相ついで外債募集が行なわれ、これらは日露戦争の財政を支えるうえで大きな意義をもったが、その背後には、もと金融面でのお雇い外国人であったシャンドのきわめて好意的な活動があったのである。かれは一九三〇年（昭和五）四月、パークストンで逝去した。(3) 第一銀行(4)は一九六三年（昭和三八）創立九〇周年をむかえるに当たり、創立当時の恩恵にかんがみ、シャンドの遺族に感謝状と記念品とを贈呈した。

注

（1）前掲『是清翁一代記』上巻一八四—一九〇ページ参照。

（2）前掲、尾形裕康「近代日本建設の父フルベッキ博士」「社会科学討究」第七巻第一号七—一一ページ、W.E.Griffis, Verbeck of Japan, pp.327-331.

（3）以上については、土屋喬雄「シャンドのわが国銀行経営史上の役割」一一—一二「金融ジャーナル」第四巻第一一—一二号、および前掲『是清翁一代記』上巻三六—三九ページ、同下巻二一五—二六一ページによる。

（4）第一銀行は、その後他行との数次の合併により、現在のみずほ銀行となっている。

第四章　日本の近代化に与えたもの

1　統計的にみる

第三章までに明治のお雇い外国人を取り上げ、各部門ごとにそれぞれの代表的人物の業績、寄与を中心に述べてきた。したがって、ここでは「日本の近代化」という観点からかれら——とくに政府雇いの外国人が、全体としてどのような活動をしたかをみるとともに、その歴史的意義を検討して結びの章としたい。

そのために、官傭、すなわち政府雇いのお雇い外国人の統計表を示して、そのいくつかの特徴をあげよう。

(1)総数および職務別の推移（第1表参照）

『日本帝国統計年鑑』より作成した第1表によると、総数は一八七四、七五年（明治

第１表　政府雇い外国人の職務別数　　（単位：人）

年次＼職務	学術教師	技術	事務	職工	雑	計
1872（明治 5）	102	127	43	46	51	369
1873（〃 6）	127	204	72	35	69	507
1874（〃 7）	151	213	68	27	65	524
1875（〃 8）	144	205	69	36	73	527
1876（〃 9）	129	170	60	26	84	469
1877（〃 10）	109	146	55	13	58	381
1878（〃 11）	101	118	51	7	44	321
1879（〃 12）	84	111	35	9	22	261
1880（〃 13）	76	103	40	6	12	237
1881（〃 14）	52	62	29	8	15	166
1882（〃 15）	53	51	43	6	4	157
1883（〃 16）	44	29	46	8	5	132
1884（〃 17）	52	40	44	8	7	151
1885（〃 18）	61	38	49	－	7	155

注）第4、5、6回『日本帝国統計年鑑』（官傭外国人職業別）による。

七、八）の約五二〇名が最多で、一八八〇年（明治一三）には半減し、その後しだいに減少している。

職務別では、明治一〇年代の初めまでは、技術者、学術教師、事務家の順で、とくに技術者、学術教師が圧倒的に数が多い。いずれも一八七四年が最高で、技術者は約二一〇名（約四〇％）、教師は約一五〇名（約二九％）に達した。やがて一八八〇年には、それぞれ半減し、その後両者は大差ない人数になった。

その後の『日本帝国統計年鑑』を見ると、明治二〇年代以降、技術者の地位はいよいよ低下し学術教師、事務家、技術者の順位となり、一八九四年（明治二七）には、学術教師五九、事務家一六、技術者一〇、合計八五と一〇〇名を割るに至った。一八九九年（明治三二）七月、閣令第五号で外国人雇い入れに関する手続きが廃止され、第一九回『日本帝国統計年鑑』（明治三三年刊）以後、官傭私傭外国人の項目は統計年鑑から消える。こうしてみると、「お雇い外国人時代」の盛期は、一八七〇年（明治三）より一八八五年（明治一八）に至る、いわゆる「工部省時代」と相重なり、ほぼ明治二〇年前後までである。それ以後は衰退期に入り明治三〇年前後、一九世紀末において、歴史的な意義をほとんど失ったといえよう。

ここで政府のお雇い外国人の実総人数はいくらかということになると、中村赳氏が種々考察されているように、[1]全数はなかなかつかみにくいのである。さきに見たように、学術教師および技術者が最も多く、学術教師（その中には陸海軍の学校教師のようなものも含まれているが）は、主として文部省、技術者は工部省関係が主体であるから、それらが把握できると、実総人数の最小限度の概数を知ることができる。

明治年間、主として文部省関係のお雇い教師（教壇人）は尾形裕康氏の調査によると一六九名、[2]工部省における技師の実総人数は、石塚裕道氏の調査によると、五八〇名で、[3]合計約七五〇名となる。したがって明治における政府雇傭の外国人の実総人数は、大体八〇〇人を下らない、ということになる。

(2) 各省における国籍別分布の推移（第2表参照）

『日本帝国統計年鑑』では第二回以後、すなわち一八八一年（明治一四）以降しか各省における お雇い外国人の国籍別分布がえられないので、とくに一八七二年（明治五）発行の『御雇外国人一覧』（『明治文化全集』第一六巻外国文化篇）、一八七四年（明治七）の「官省使府雇使外国人表」[4]（『明治史要』下、附録概表）、一八七九年の「明治十二年九月中雇外人一覧表」（『日本外交文書』第一八巻）[5]および一八八五年の「明治十八年九月中雇外人一覧表」（同上）を用いて、第2表a・b・c・dを作成し、各省における国籍別分布の推移をみよう。

(a) 一八七二年（明治五）―第2表a参照

ここでは一八七〇年（明治三）創設の工部省にお雇い外国人のほとんどが集中しており、総数の約七二％に当たる一五三名に達している。イギリス人がそのうちの約六八％、つづいてフランス人が約二二％を占めている。明治新政府が工業立国をめざして、いかに大量にイギリスから技術者を雇い入れたかを早くも示している。

工部省内におけるイギリス人、フランス人の配置は、左の通りで、イギリス人は鉄

第2表 a　1872年（明治5）　（単位：人）

	アメリカ	イギリス	フランス	ドイツ	その他	計
太政官(左院)	−	−	1	−	−	1
外務省	2	−	−	−	−	2
大蔵省	3	7	7	−	2	19
兵部省	−	3	4	−	2	9
文部省	6	5	4	8	1	24
工部省	−	104	33	−	16	153
開拓使	5	−	−	−	−	5
計	16	119	49	8	21	213

	イギリス	フランス
工学寮	2	−
鉱山寮	3	1
鉄道寮	52	−
灯台寮	33	−
電信寮	10	−
造船寮	−	24
製鉄寮	−	2
製作寮	−	6
測量司	4	−
計	104	33

道、通信方面、フランス人は横須賀製鉄所（造船所）以来の伝統で、造船、製鉄方面に集中しているのが明らかである。

また大蔵省では、造幣寮におけるイギリス人キンドル以下の七名、富岡製糸場を管轄する勧農寮におけるフランス人技師ブリュナ（Paul Brunat）以下の七名が反映している。なお文部省では、南校のドイツ語だけでなく、東校のドイツ医学採用によってドイツ人がアメリカ人、イギリス人よりも優勢になって来たことが注目される。

一八六九年（明治二）七月に設置された開拓使には、七一年のアメリカ農務長官ケプロン（Horace Capron）以下の来日があずかっている。この表にもアメリカ人の影響が表われているが、この傾向がのちまで開拓使に見られる。

(b)　一八七四年（明治七）――第2表b参照

さきにも述べたように、この年は一八七五年とならんで政府雇い外国人の最多レベルの年である。ちょうど明治新政府が前年の征韓論争という大きな政治的危機を乗り切り、大久保利通が内務卿となった翌年で、岩倉遣外使節一行の成果を基礎に、殖産興業政策を展開した時に当たっている。内務省の外国人雇い入れは、一挙に二七名を数えた。また、工部省の総数は、一八七二年（明治五）に比べ七五名も増して二三〇名近くなった。フランス人は減少したのに反して、ふえたのはほとんどすべてイギリス人で、工部省総数の八一％に達した。

文部省も学校教育制度の整備につとめて、その数は三倍の約八〇名になった。さらに海陸軍両省がおのおの独立して、それぞれイギリス、フランスの影響下に近代化につとめたので、工部省、文部省につづいて第三位、第四位を占めるようになったことが注意される。海軍省のフランス人は、横須賀造船所が、一八七二年一〇月から海軍省へ移管になったためである。

また大蔵省におけるフランス人がなくなったのは富岡製糸場がこの年から内務省所

第2表ｂ　1874年（明治7）　（単位：人）

	アメリカ	イギリス	フランス	ドイツ	その他	計
太政官	1	1	1	1	1	5
外務省	6	2	1	1	4	14
内務省	4	9	7	−	7	27
大蔵省	7	16	−	−	4	27
陸軍省	−	−	36	−	2	38
海軍省	−	29	36	−	1	66
文部省	14	25	10	24	4	77
工部省	7	185	13	6	17	228
司法省	1	1	4	−	2	8
宮内省	−	−	−	2	−	2
開拓使	7	1	−	3	−	11
計	47	269	108	37	42	503

第2表ｃ　1879年（明治12）　（単位：人）

	アメリカ	イギリス	フランス	ドイツ	その他	計
外務省	1	−	1	1	−	3
内務省	7	7	1	8	11	34
大蔵省	4	5	−	2	2	13
陸軍省	−	−	11	−	1	12
海軍省	−	15	1	2	1	19
文部省	14	7	5	12	5	43
工部省	2	104	11	5	12	134
司法省	2	1	4	−	−	7
開拓使	9	1	−	−	2	12
計	39	140	34	30	34	277

管に移されたためであり、これにひきかえイギリス人の大蔵省における比重が重くなった。

(c) 一八七九年（明治一二）——第2表c参照

さきに一八八〇年（明治一三）には、学術教師、技術者ともに一八七四年（明治七）ごろに比べて半減したと述べたが、その兆候はすでにこの七九年（明治一二）に顕著である。一八七四年に比べて、工部省では約九〇名減、文部省では約三〇名減、陸・海軍省がともに三分の一以下に減少し、大蔵省も半減している。

この間の事情は、「工部省沿革報告」によると、一一月一九日、工部省より太政官に対して、「本省ニ傭使スル外国教師ノ人員多数ニシテ其経費ヲ要スル頗《すこぶ》ル巨額ナリ。是以テ曩《さき》ニ経費節減ノ聖諭ヲ奉シ、務《つとめ》テ傭外国人ヲ解職セリ……」と上申したことが記されていることによっても、判明するであろう。(6) 経費節減の聖諭とは、この年三月一〇日各省府県宛の勤倹の達書のことで、(7) 西南戦争後の財政窮迫を乗り切るために出されたものである。

海軍省はこの年五月、イギリス人お雇い教師二一名を一斉に解雇した。(8) さきに引用したベルツの『日記』は、この事実をさしたもので、かれは経費節減の理由には考え及ばなかった。また同省関係の造船部門のフランス人もそれまでに急速に消えていっ

第2表d　1885年（明治18）　（単位：人）

	アメリカ	イギリス	フランス	ドイツ	その他	計
太政官	1	1	1	3	–	6
外務省	2	–	–	2	1	5
内務省	–	–	–	3	2	5
大蔵省	2	3	–	–	1	6
陸軍省	–	–	5	1	4	10
海軍省	1	18	1	6	3	29
文部省	2	11	2	9	2	26
工部省*	–	26	–	–	3	29
司法省	–	3	1	1	–	5
農商務省	4	2	–	7	–	13
逓信省	–	5	–	–	2	7
計	12	69	10	32	18	141

注）*工部省は第6回『日本帝国統計年鑑』で補った。

たが、これは経済的理由とともに、日本海軍がすべての規準をイギリス式に統一したことと関係がある(9)。

ただ、ここで注目されるのは、ほとんどの各省が減少しているのに、内務省のみがかえって増加していることで、総数三四名中、駅逓局一三名（一〇名は外国郵便関係で、そのうちアメリカ人六名、三名は海員試験官でイギリス人二名、ドイツ人一名）、勧農局一一名（うちドイツ人七名は紡織、染色関係、イギリス人四名は農業、牧畜関係）、土木局五名（すべて治水関係のオランダ人）であることが注目される。

文部省では、イギリス人教師がわずかに七名になったのに対して、東京大学医

第1図　お雇い外国人の国別・各省別推移

(単位：人)

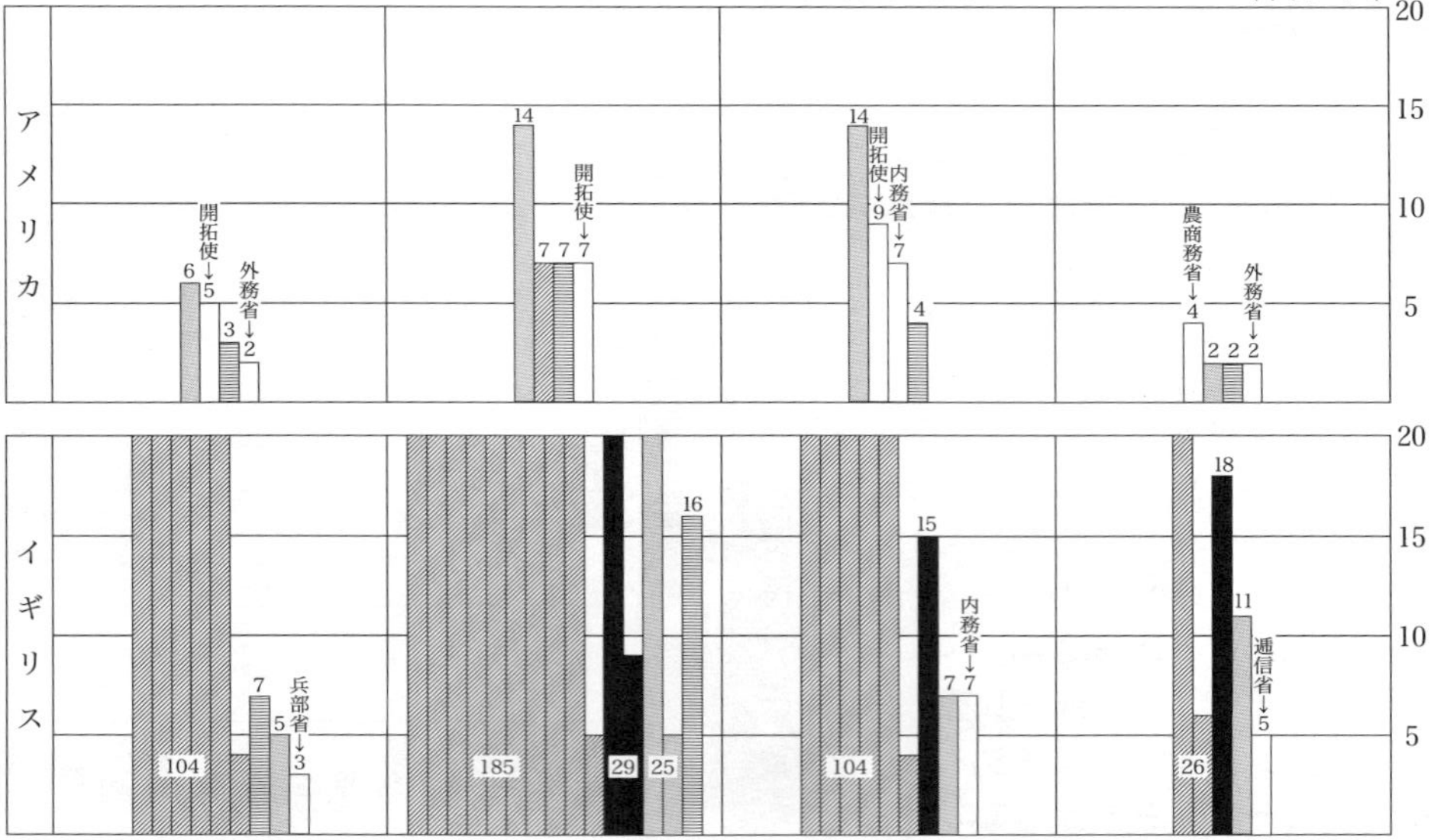

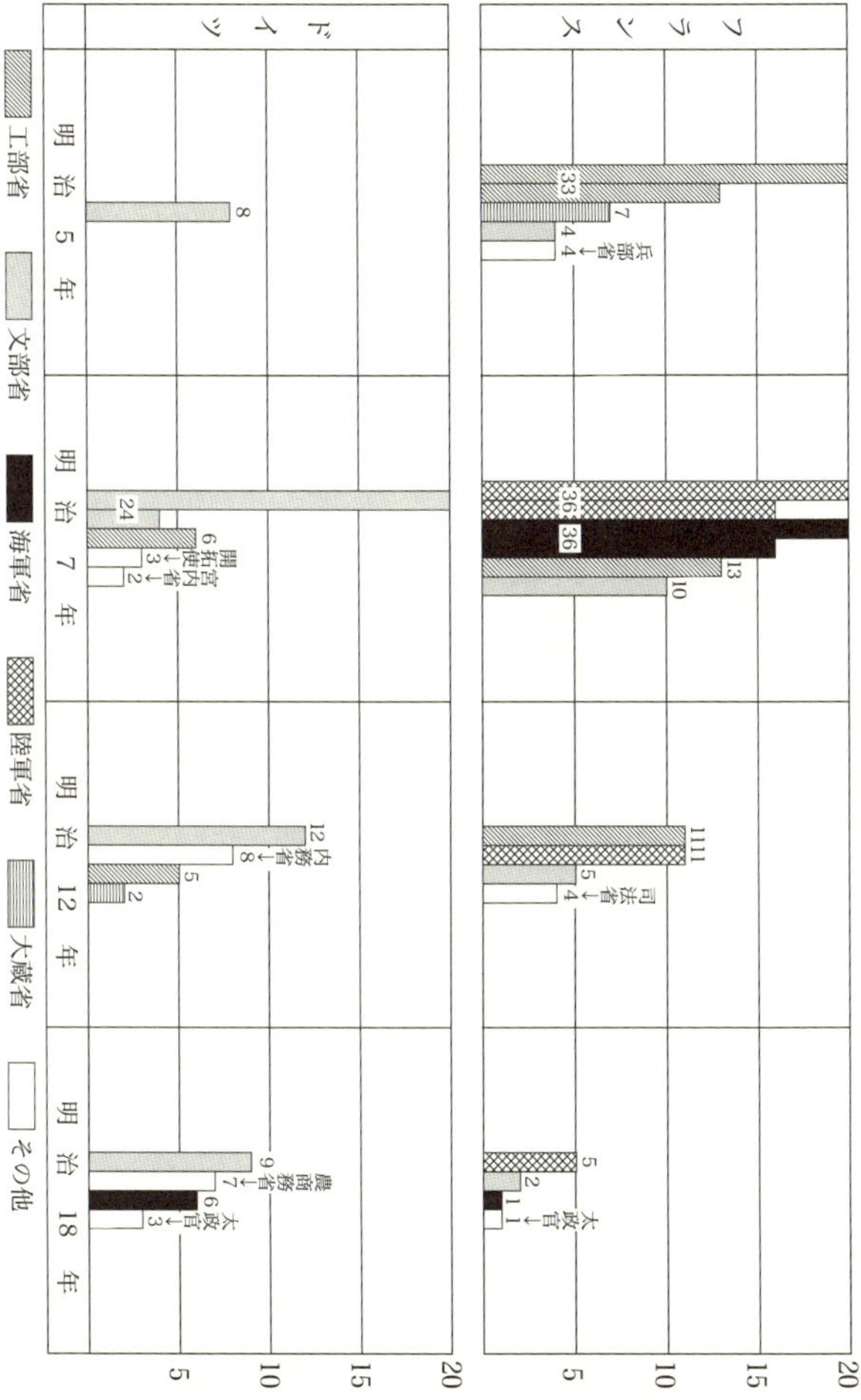
フランス
ドイツ
明治5年
明治7年
明治12年
明治18年
兵部省
開拓使
宮内省
内務省
司法省
農商務省
太政官
工部省
文部省
海軍省
陸軍省
大蔵省
その他
5
10
15
20

学部だけでドイツ人九名を数え、合計一二名と進出が目ざましい。司法省ではボアソナード以下のフランス人の比重が重い。

(d) 一八八五年(明治一八)——第2表d参照

この年になると、さらに前表に比べて総数がほぼ半減した。とくに工部省最後の年であるだけに、同省の減少ぶりははなはだしく、これまで大きな勢力をもっていたイギリス人技師らも、わずかに二六名となった。文部省ではアメリカ・フランス人教師の減少が目立ち、イギリス・ドイツ人教師が優勢となっている。

海軍省が再び増加したのは、神戸の小野浜造船所が前年に同省に買収されて、そのイギリス人六名が加算されているためで、陸・海軍省ともフランス・イギリス人教師は漸減してきたのである。内務省がいちじるしく減ったのは、一八八一年(明治一四)農商務省の新設に伴い、同省へ駅逓・勧農局関係の施設が、開拓使(一八八二年廃止)所管事業とともに移管されたためである。内務省のドイツ人三名中の二名は警察関係で、太政官の半数を占めるドイツ人三名(このなかにロエスレルがいる)の顧問とともに、政治・行政方面にドイツの影響が浸透してきたことが示されている。

以上、主として各省別に推移を述べてきたが、これを国籍別にみてグラフを作ると第1・2図のようになる。一見すると、アメリカ、イギリス、フランス、ドイツの各お雇い外国人が、各時期にそれぞれどの省で最も活動したか、その推移はどうであったかがほぼ推察できよう。

また各期におけるアメリカ、イギリス、フランス、ドイツのお雇い外国人の総数の推移から、それぞれの勢力の消長をつかむことができよう。

要約すると、アメリカ人は文部省（教育）、イギリス人は工部省（技術）、フランス人は工部省（技術）、陸軍省（軍事）、ドイツ人は文部省（教育）関係において最も多く活動し寄与した。そして一八七九年（明治一二）ごろを画期として、その人数において英、仏、米、独の順位が英、米、仏、独となり、その後、英、独、米、仏へと転化したといえるだろう。

第2図　国籍別お雇い外国人の推移

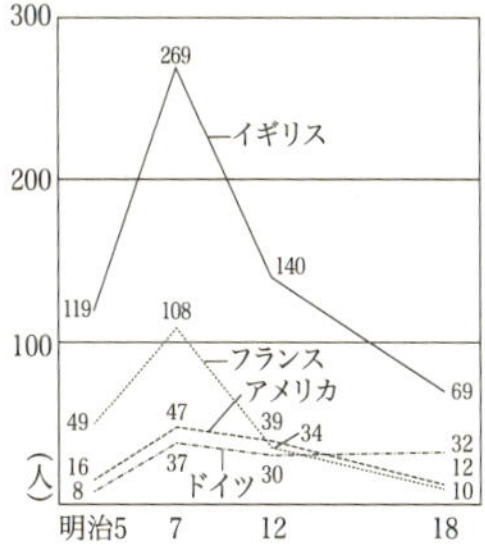

第3図　文部省雇い教師国籍別・期間別延べ人員（明治1～20）

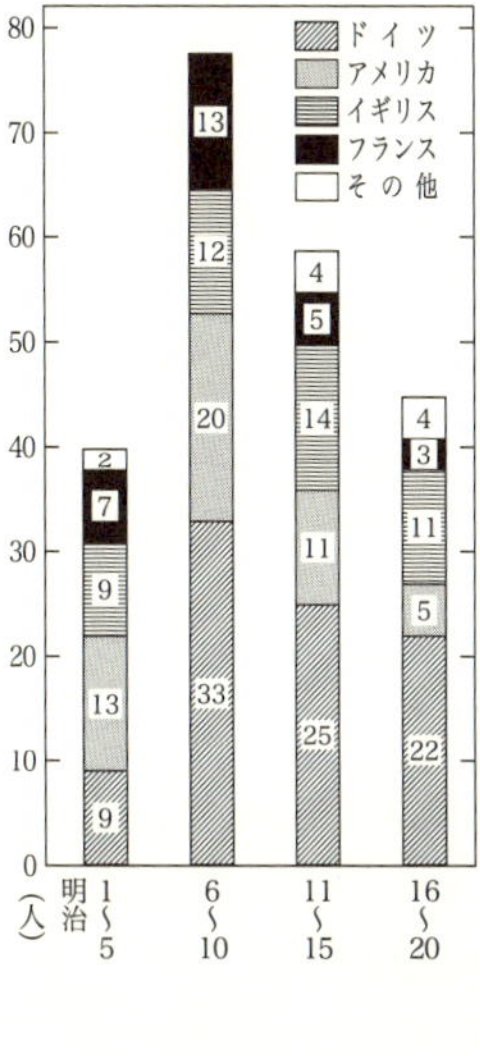

第3表　工部省における局別・国籍別実総人数（単位：人）

	アメリカ	イギリス	フランス	ドイツ	その他	計
本　省	–	10	–	–	–	10
鉱山局	2	35	23	15	2	77
鉄道局	5	233	1	4	8	251
電信局	1	53	–	1	1	56
灯台局	1	47	–	–	4	52
工作局	1	25	45	1	1	73
営繕課（建築・土木）	–	7	4	1	1	13
大学校測量司	–	40	1	–	7	48
計	10	450	74	22	24	580
百分比	1.7	77.6	12.8	3.8	4.1	100%

第4図　文部省雇い教師の部門別・国籍別人員（明治年間）

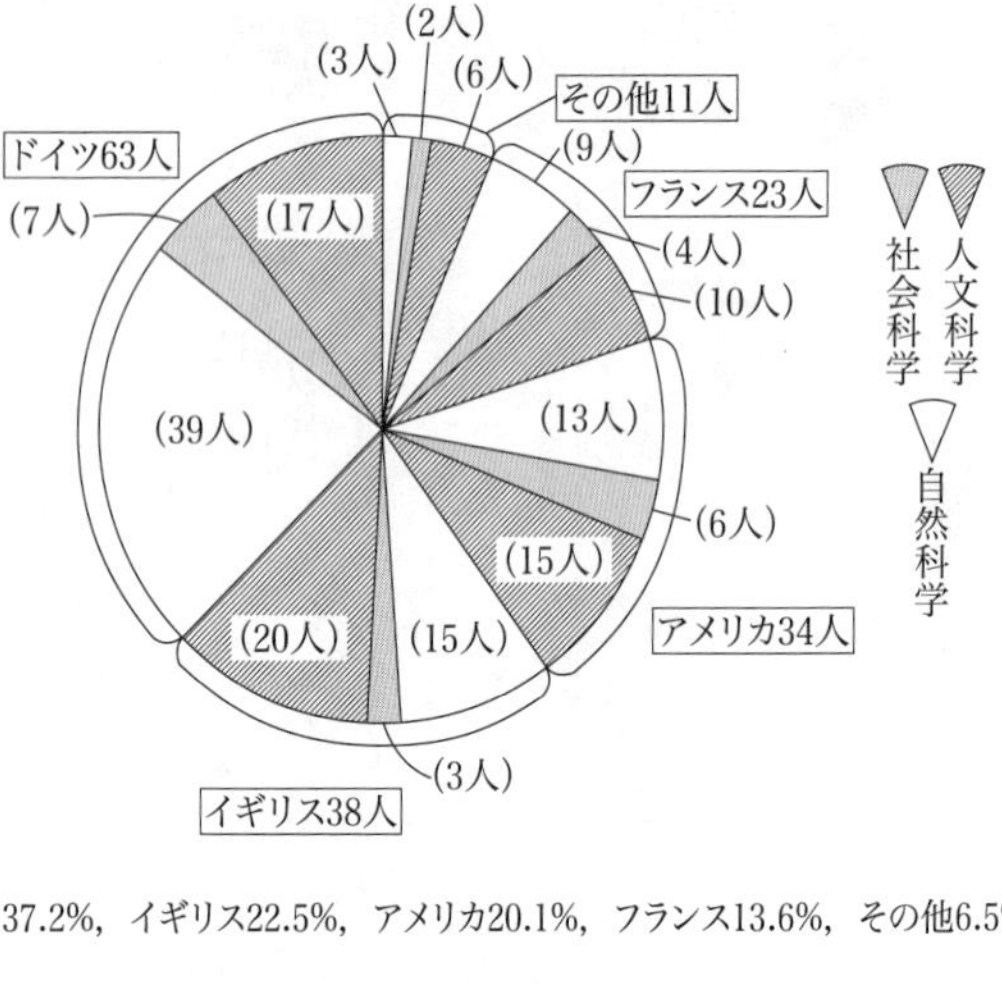

ドイツ37.2%，イギリス22.5%，アメリカ20.1%，フランス13.6%，その他6.5%。

なお、政府雇い外国人のうち、量的にも質的にも最も重要な地位を占めた文部省雇いおよび工部省雇い外国人の担当内容については、すでに先学によって詳しい調査がなされているので、それらを紹介しておこう。

まず文部省雇い教師（教壇人）に関して、尾形裕康博士の調査にもとづいて、二つのグラフ第3図（二三三ページ）、第4図（二三四ページ）を掲げる。[10]

これらによると、期間別在留人員はドイツ人を筆頭に米・英・仏の順であり、部門別では人文科学にイギリス人が最も多いが、社会・自然科学ではドイツ人が最も多い。全体として学問、教育にドイツ人の影響が最も大きく、かつ自然科学の移植に重点がおかれ、社会科学の遅れが顕著なことがよく示されている。

次に工部省については、石塚裕道氏の調査にもとづいて第3表をあげる。[11] これによってイギリス人技師の独占的傾向が明瞭で、しかも鉄道局に集中していることがよくわかる。

注

（1）中村赳「御雇外国人の研究――とくに数の考察」「法政史学」第一六号（昭和三九年）。

（2）尾形裕康『西洋教育移入の方途』野間教育研究所紀要第一九集（昭和三六年）七五―一〇一ページ。
もっともこの数には工部省工学寮・工部大学関係も若干入っている。

（3）石塚裕道「殖産興業政策の展開」揖西光速編『日本経済史大系5近代上』（昭和四〇年）九四―九五ページ。同氏より誤植訂正の御教示をえた数字による。
（4）本表は明治七年政表稿および文部省開拓使大阪府調によっている。
（5）本表には、同巻所収の明治一二年一〇月、同一一月、同一二月中の各外国人雇入表（官雇）を加算していない。加算すれば合計において内務省三七、大蔵省一四、海軍省二七、文部省四九、工部省一四四、司法省九となる。
（6）『明治前期財政経済史料集成』第一七巻ノ一（明治文献版、昭和三九年）三四七ページ。
（7）津田茂麿『明治聖上と臣高行』（昭和三年）四三五―四三六ページ。
（8）「明治十二年五月外国人解雇表」『日本外交文書』第一八巻六三五ページ。
（9）前掲『近代日本産業技術の西欧化』六一ページ。
（10）尾形裕康『西洋教育移入の方途』第三章（御雇教師）所載、第一五表御雇教師部門別一覧・第一六表御雇教師国籍別・期間別在留人員ならびにそのグラフを参照した（ただし後者は明治二〇年までにとどめた）。
（11）石塚裕道「殖産興業政策の展開」前掲書九五ページ所載、「第一七表工部省における各年滞在の外国人技師総数の変化」による（一部誤植訂正）。なお豊原治郎「工部省と御雇外国人について――明治産業近代化の一節」神戸商科大学「商学論集」第六〇号（昭和三九年）がある。

2　お雇い外国人の給料と質

大臣なみの高給で優遇

明治新政府は、その近代化政策を推進する上で、お雇い外国人を不可欠の存在としただけに、かれらを非常に優遇した。往復の旅費などを政府が負担したのはもちろんのこと、高価な住宅を建築・無償貸与し、高額の月給を支給した。

次に掲げる当時の太政大臣三条実美《さねとみ》以下の日本官吏の月給表と本書で取り上げたお雇い外国人の月給表とを比較すれば、いかに高額な月給で優遇したかが知れよう。

一八七四年（明治七）の政府雇い外国人の月給統計[1]によると、八〇〇円（太政大臣給相当）以上が一〇名もあるが、一〇〇〇円―二〇〇〇円が総数（五二四名）の三五％、二〇〇〇円―三〇〇〇円および一〇〇〇円未満が各一八％となっている。中村赳氏の研究によると、一八七六年（明治九）各省決算額に対するお雇い外国人経費の支出率は、工部省、文部省、元老院の順に大きくて上位を占め、外務省、内務省、海軍省が中位にある。また支出の絶対額では、工部省がずば抜けて大きく、文部省、内務省、海軍省の順で、率からも総額からも工部省がトップである[2]。事実、一八七四年の工部省各局

第1表　日本官吏月給表

人名	官職	等級	月給（円）
三条実美	太政大臣	一等	800
岩倉具視	右大臣	〃	600
大久保利通*	参議	〃	500
山尾庸三	工部大輔	二等	400
山口尚芳	外務少輔	三等	300
芳川顕正**	工部大丞	四等	250
畠山義成	文部少丞	五等	200
星亨	租税寮権助	六等	150
名村泰蔵	司法省七等出仕	七等	100
浜尾新	開成学校八等出仕	八等	70

注）1874年（明治7）官員録による。1等～3等（勅任）、4等～7等（奏任）、8等以下（判任）。*兼内務卿（500）、**兼電信頭（250）。1879年（明治12）官員録では3等350円のほか同じ。

第2表　お雇い外国人月給表（1ドル＝1円として換算）

人名	職名	月給（円）	就職年
フルベッキ	南校教頭	600	明治 2
ロエスレル	外務省顧問	600	〃 11
ジュ・ブスケ	左院雇	600	〃 4
ドゥグラス	海軍兵学寮教師首長	400	〃 6
デニソン	外務省顧問	450	〃 13
キンドル	造幣首長	1,045	〃 3
シャンド	紙幣寮雇	450	〃 5
ワグネル	大学南校教師	200	〃 4
ダイエル	工部大学校教頭	660	〃 6
エルトン	〃　教師	500	〃 6
フォンタネージ	工部美術学校教師	277	〃 9
コンドル	〃	350	〃 10
モルレー	文部省学監	600	〃 6
モース	東京大学教師	350	〃 10
フェノロサ	〃	300	〃 11

外国人技師への俸給支出の総額七六万六八八八円は、同省通常経費（二二七万一八六六円）の三三・七％にのぼっている。(3)

ともかく、以上のような高額のお雇い外国人の給料は、「外人から観れば交通不便な当時に極東の非文化国に往くのである。近く迄は外国人を猥《みだ》りに殺傷した国である。あらゆる危険を冒《おか》して来るのであるから、相当の俸給を貰《もら》わなくてはならぬ。生活様式だとて変ずる訳には行かぬからあらゆる設備を要求するというのは無理からぬ」ところであったが、明治政府の指導者たちが、「先進文化国と競争と迄は行かなくても、追い付く迄には凡《すべ》ての犠牲を払わねばならぬ。それには俸給の高価なことなど厭《いと》う所でない。況《いわ》んやその為殖産興業が発達して国益が増進すれば打算として損は無いという考え」(4)から、財政上の苦境にかかわらず、甘んじて格外の出費をしたことにもとづくのである。

この出費は、日本が近代国家に到達するためのハイウェイに乗り入れる際の高価な通行税であったといえよう。

経費節減と日本人技術者の養成

しかしながら、一方、工部省は一八七九年（明治一二）には、さきに引用した「経

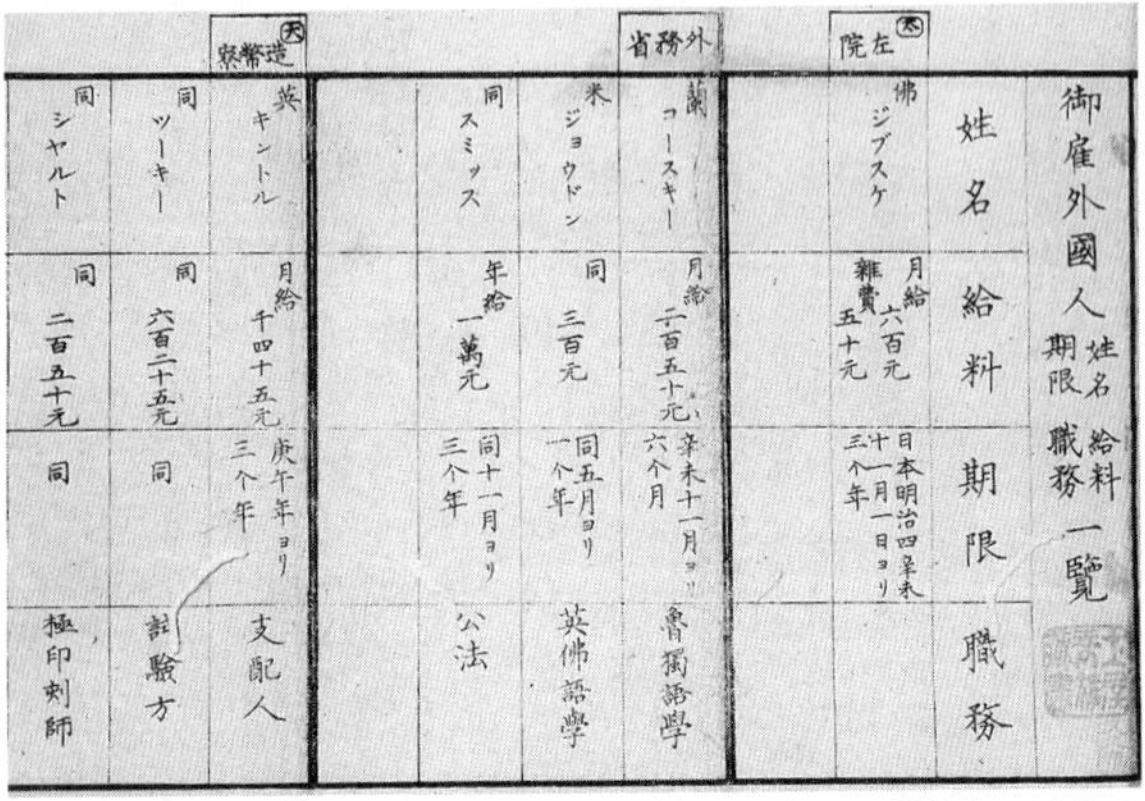

御雇外國人姓名給料期限職務一覽

姓名	給料	期限	職務
左院（太）			
佛 ジブスケ	月給六百元 雜費五十元	日本明治四辛未十一月一日ヨリ三个年	
外務省			
蘭 コースキー	月給二百五十元	辛未十一月ヨリ六个月	魯獨語學
米 ジョウドン	同 三百元	同五月ヨリ一个年	英佛語學
同 スミッス	年給一萬元	同十一月ヨリ三个年	公法
造幣寮（大）			
英 キントル	月給千四十五元	庚午年ヨリ三个年	支配人
同 ツーキー	同 六百二十五元	同	試驗方
同 シャルト	同 二百五十元	同	極印刺師

お雇い外国人の俸給　街を行くお雇い外国人の姿は、維新後の日本では、やはり珍しい存在だったらしい。室町3丁目の中外堂という本屋は、1872年（明治5）、さっそく『御雇外国人姓名給料期限職務一覧』なる本を売り出した。このなかにはジブスケ（ジュ・ブスケ）、キンドルなど本書に登場する外国人の名前がみられる。ここで給料の単位が元となっているのは、円という単位が確立（1871年〈明治4〉5月）するまえに、元をもって単位にしようとしたことがあったためである。したがって、1元は後の1円であり、ほぼ1ドルに相当したから当時としては破格の厚遇だった。　（写真は土屋喬雄氏蔵）

費節減ノ聖諭ヲ奉シ、務テ傭外国人ヲ解職セリ」に続いて「然ルニ今尚ホ外国人ヲ傭使スル百三十余名ニシテ、本年度定額常費ノ予算高金五拾一万八千六百円ノ内、其給料ニ消費スルモノ三拾四万二千三百円余ニ上レリ。故ニ痛ク之ヲ省減セント欲セハ、本校卒業生徒ヲ以テ外国教師ニ代フルニ如《し》カス」(5)と言い、省費をもって生徒を海外に留学させて研究を積ませ、その任に当たらせようと図っている。

　ここに明らかなように、お雇い外国人経費が著しくかさんで政府財政・各省予算を圧迫したことが、かえってお雇い外国人の技術的指導への従属から一日も早く自立しようとする熱望を産み出し、それが工学寮工学校（工部大学校）に結集して日本人技術者の積極的養成となった。

　石塚裕道氏の明らかにされたように、この工部大学校は、東京大学理学部工学科とともに、一八七九年（明治一二）第一回卒業生を出してより、一八八五年（明治一八）第七回卒業生まで、合計四一一名にのぼる技術者を養成・輩出した。この数は明治初年以来、工部省に所属した外国人技師の実総人数五八〇名に接近した数値を示しているのである。(6)

　わが国が近代産業技術の移植にさいし、お雇い外国人技師に対して、徹底した依存を続けながら、その中からわずかに一五年間という短期間に技術面における自立化を達成するのに必要な人材を養成しえたことは特筆すべきことであろう。

おおむね良好だったその質

お雇い外国人は、さきに見たように高価な俸給で歓迎されただけに、なかにはそれを狙って、本国で食い詰めた者や、いかさま者がまぎれ込むこともあった。大学南校でも専門的素養のない「商店員、ビール醸造人、薬剤師、百姓、船員、曲馬団の道化役者」などがまじり、在留外国人の間ではこの学校を「無宿者の収容所」と酷評するものもいたという。(7) そのためにこそ、さきに述べた「外国人雇入心得書」なども出されたのであった。

またいかさま者ではなくても、キンドル（Kinder）のように、明治初年、日本政府の唯一の金融機関であった東洋銀行の威力（造幣寮の外国人技師の雇傭契約は東洋銀行と取り結ばれていた）をかさに、かつまた先進国民であるために傍若無人な態度をとって、造幣寮員を軽侮し、日本人職工を虐待して、一同から「ミスター・サンダー」（thunder＝雷さん）として敬遠され、ついには排斥運動(8)が高まって解雇されるようになった者もいる。

しかし、こうしたお雇い外国人によって受けた当時の日本人の屈辱感が、一大奮発心、自立心を引き起こしたことも注意される点である。また地方の例として、後年、日露戦争における大本営海軍部の首席参謀として活躍し、海軍大将となった山下源太郎が海軍を志願するようになったいきさつがあげられよう。かれは少年のころ米沢中学校（藩校興譲館の後身）に学び、そこでイギリス人教師がつねにイギリス海軍の強大と名将ネルソンの偉功を誇り、これに反して日本には名将もなく、プーアー・ネーヴィー（Poor navy）あるのみと軽蔑するのを聞いて憤慨し、かれは発奮した。一八七九年（明治一二）春、同校を卒業すると、春未だ浅い残雪の板谷峠を越えて、はるばる七三里余（約二九〇キロ）を徒歩で上京し、海軍兵学校に入って将来のネルソンを夢みるに至ったのである。(9)

とにかく全体としては、すでに見てきたように、高度の教養、技術をもったお雇い外国人がそれぞれ専門の分野で、熱心着実に明治日本の建設に協力し、その発展の基礎を築いたことは明らかな事実であって、かれらのなかには、帰国後重要なポストにつき、それぞれの分野で輝かしい業績をあげたものも多かったのである。

注

(1) 第五回『日本帝国統計年鑑』による。
(2) 前掲、中村赳「御雇外国人の研究――とくに数の考察」、『明治前期財政経済史料集成』第四巻（明治文献版）所収の「歳入出決算報告書」によっている。
(3) 石塚裕道「殖産興業政策の展開」前掲書一〇〇ページ。
(4) 尾佐竹猛「御雇外国人一覧解題」『明治文化全集』第一六巻外国文化篇二〇―二一ページ。
(5) 「工部省沿革報告」『明治前期財政経済史料集成』第一七巻ノ一、三四七ページ。
(6) 石塚論文、前掲書九九―一〇一ページ。

（7）尾形裕康「近代日本建設の父フルベッキ博士」前掲「社会科学討究」第七巻第一号三〇ページ。
（8）前掲『世外井上公伝』第二巻三四九ページ以下、『世外侯事歴維新財政談』上一一七―一二〇ページ、および渡辺勝『久世喜弘翁』（大正九年）六八―七〇ページ参照。久世喜弘（治作）は造幣寮権助（明治七年官員録）。
（9）松岡正男編『海軍大将山下源太郎伝』（昭和一六年）四八ページ。

3　お雇い外国人の歴史的役割

近代国家建設に歴史的役割

最後にお雇い外国人の歴史的な役割とそれに伴ういくつかの問題について述べて筆をおくことにしたい。これまで幕末お雇い外国人という先駆的存在のあとを受けた明治お雇い外国人について見てきたが、そこでは政府雇い（官傭）外国人が中心で、府県雇いや私（個人）雇いのものは含まれていない。したがって明治お雇い外国人と言っても限られた存在であるが、日本の近代化という観点からながめると、その政府雇い外国人が最も重要な歴史的存在であった。

その理由は改めて言うまでもないが、日本の近代化は、明治新政府が主体となり上からの指導によって行なわれたもので、そのさいの近代化の根本目的は、「国家の近代化」、近代国家の建設ということにあって、社会や個人の近代化あるいは民主化ということに主眼がなかったからである。社会や個人の近代化ないし民主化は、「国家の近代化」という枠内において、それに必要な限りにおいて考えられたものに過ぎなかった。

明治新政府の近代化政策——近代的な富国強兵政策の展開の過程において、大蔵省を中心とする近代的官僚群が、「富国」を第一に考えて資本主義社会の建設をめざしたことがあっても、それは「富国あっての強兵」ということであって、近代的強兵策と一体不可分の関係にあったのである。

しかも、この政府の近代化政策は、先進諸国の東アジアへの帝国主義的な進出という国際的環境のもとで、この動きに対抗して日本の国家的独立を確保しなければならないところから、きわめて急ピッチで遂行され、先進諸国に追いつくことが要請されたのである。

このような日本の近代化の主体的な性格との関連において、招聘された政府雇い外国人の歴史的な役割もおのずから規定されるものがあったのである。すでに見てきたようにお雇い外国人のなかには多少の見込み違いの採用もあったが、全体としては、こうした歴史的任務をよく果たしたのであった。

したがって、すでに明らかなように、これらのお雇い外国人の歴史的役割は、明治新政府が近代国家建設のためにめざした欧米先進諸国の近代的な諸制度・資本主義的な生産技術・方法の移植を、その実際面で知識・技術を提供して指導し、その急速な移植を成功させたことである。かれらの寄与によって初めて明治日本建設の基礎工事ができ上がったのである。

“生きた器械”のお雇い外国人

欧米先進諸国のこれらの制度・方法は、幕末以来、蕃書調所、開成所、大学南校などにおいて外国から書籍を購入し、これを翻訳して知識として知ることができた。また近代的な生産設備に必要な機械を輸入することもできた。しかしながら、これらの制度なり機械を実際に移植してそれらがもつ成果をあげるようにするには、どうしてもそれらの運用に通暁した人々が必要であった。こうした人々がお雇い外国人であったといえよう。

幕末、伊藤博文、井上馨、山尾庸三らが長州藩から洋行するとき、藩の重役であった周布《すふ》政之助《まさのすけ》が横浜貿易商大黒屋六兵衛の番頭であった佐藤貞次郎をひそかに呼んで、「こんどヨーロッパから生きた器械を買い入れたい」と言って、かれらの洋行の周旋を頼んだことがある。かれの言う意味は、単なる外国の器械すなわち死んだ器械がほしいのではなく、これからは外国事情に通じた人材がほしいということであった。[1]

事実、明治新政府も、明治初年より多数の海外留学生を派遣したが――一八六九年（明治二）一月から翌年一一月までに政府が海外旅行免状を下付した総数は約一七〇人に及んでいる[2]――かれらが封建日本から直ちに抜け出して、海外でわずか数年の間に専門の知識を会得し、帰国してまた直ちに近代化の一翼を担うことは、とうてい期待できなかったものである。

また一八七九年（明治一二）の段階でも、進んだ近代工学教育を国内で受けた工部大学校の卒業生すら、そのままには外国人教師に代えることができず、なお「欧州経歴ノ功ヲ積ムモノニアラサレハ其任ニ耐へ難シ[3]」とされていたことをもってしても、その間の事情を察することができよう。このような歴史的情勢のもとで、お雇い外国人は「生きた器械」として後進国日本で活動したのである。またかれらは、日本人自体で近代化の実行面を担いうるようになるまでの過渡的存在としての歴史的意義を担ったのである。

あくまで助力者の地位に終わる

次に、かれらの日本の近代化政策そのものへの寄与に関していえば、かれらは、あくまでも助力者であり、助言者（helper）であったもので、それ以上のものではなかった。政策決定の主導権は、明治新政府の指導者たちが、堅く維持したところである。

もっとも明治初年、フルベッキが国策の決定に決定的影響を与えていることは確かであり、――したがって、サブ・リーダーともいえる立場にある。しかし、遣外使節の実行ということは、かれの建言によって直ちに行なわれたのではなく、廃藩置県後の情勢のなかから岩倉具視らが取り上げた問題であったことを思えば、けっしてフルベッキがリーダーシップをとったものでないことは明らかであろう。岩倉らがかれに寄せた絶大な信頼もフルベッキの人がらにもよるが、一面ではかれが無国籍人であり、アメリカ政府とは無関係の立場にあったこともあずかって力があろう。

またボアソナードは、井上馨の条約改正案を強く批判して、ついにこれを廃案とさせるうえで主導的な役割を果たしたともいえる。しかし、この場合もかれの意見を聞いた井上毅の内閣における活動が大きくものを言ったことは、一八八七年（明治二〇）八月七日付で佐佐木高行が元田《もとだ》永孚《ながざね》に宛てた次の手紙でも明らかである。

「此度改正延期の事は最初ボアソナードの意見差出候えども内閣大臣にはさのみ感動これなき場合、井上毅君の賛成尽力に依り愛国の向に大に感動、遂に延期の運に相成候事、其功勲井上君第一と存ぜられ候えども、井上君他に漏洩《ろうえい》を憚《はばか》り、吾が功を顕《あら》わさず候、誠信尤も感心仕候（4）」

さきに述べたところであるが、ボアソナード自身が井上案反対の理由とし、「日本は多くのお雇い外国人を用いているが、それはいずれの方面でも教師・顧問であって、官職につき官権を行使させていない」ことをあげたことを思い起こすならば、明治政府の指導者たちが、強固な主体性をもち、自力で近代化政策を立案・決定するだけの能力とエネルギーとをそなえ、お雇い外国人がクチバシをいれる余地さえなかったことが指摘できるのである。このような点から、かれらは、日本の近代化の脇役であったといえるであろう。

このような主体性とエネルギーの存在は、一面からいえば、明治前半期の外国文明・文化の受け入れ方に、しっかりした格調を与えているともいえよう。

近代化のスピードアップに役立つ

以上、お雇い外国人の歴史的役割とその限界を考えたが、次に日本の近代化に直接、間接に及ぼした歴史的影響について述べよう。

第一に、お雇い外国人を多数招聘したことによって、明治初年の貧弱な政府財政のうえで経済的負担を強いられたが、かれらの来日によって欧米風の文明、生活様式が組織的に流入、展開し、わが国の近代化、西欧化に加速度をつけたことである。造幣寮では一八七〇、七一年（明治三、四）ごろから一般にさきがけて早くも洋服の着用、太陽暦・日曜制・西洋簿記法の採用、労働災害のための積立金、診療所の設置、電信線・ガス灯の使用などを行なったのはその好例である(5)。

第二に、お雇い外国人の学術上、技術上の直接的指導の過程を通じて、日本人が「文明的攘夷心(6)」をかき立てられ、かれらの優越的あるいは侮辱的な指導から脱出または自立する意欲を強められ、これまた近代化を早める結果となったことである。

第三には、お雇い外国人を媒介として、先進国が長年かかって築き上げてきた技術、学問の一番進んだ水準、成果を急速に導入して、近代日本の出発点として、後進国の有利性を身につけて早く先進国と競争することができる素地を築いたことである。これはとくに比較的に歴史的なトレースを必要としない技術部門において顕著であった。

問題残した国の選び方

以上はどちらかと言えば、近代化に有効に作用したと考えられる点であるが、また逆にマイナスの作用をしたと考えられるものもある。すなわち、それが第四の問題である。つまり、それぞれの部門において、最も優秀と目される客観的理由から、あるいは、国内の政治的な理由からも、お雇い外国人の国籍について意識的な選択が行なわれたことである。そのために、各部門相互の間でそれぞれの技術的・文化的母国が異なり、したがってメンタリティーのうえでも相違が生じ、近代化のひずみとなったことがあげられる。

その典型的事例は、陸軍と海軍との関係に見られる。陸軍ははじめはフランス、かつ一八七八年（明治一一）以来、ドイツに傾斜し、その伝統のうえでフランスないしドイツと関係が深く、早くからメートル法を用いた。一方、海軍は明治初年以来、イギリスの影響を受けて、軍艦もイギリスから買っている関係でヤード・ポンド法を用いた。そのためネジ規格が互いに異なって、大正年間、問題になった工業品の規格統一が進まなかったのである[7]。また陸軍に親独派が多く、それに対して、海軍に親英派が多く、互いに抗争したことも記憶に新しいところである。こうして明治初年の異なった選択が、はるか後年にまで尾を引き、重大な歴史的影響を及ぼしたのである。

こうした問題は、なお金融・工学方面のイギリス的傾向と、政治・法学方面のドイツ的傾向との関連その他についても、同様に考えられる。したがって、こうした方面に多くの検討を加え、従来のような統計的観察に終始することなく、さらにより広い、より深い立場でお雇い外国人の歴史的な役割、意義、影響を理解し、評価することが今後の課題となるであろう。

注

（1）中原邦平『伊藤公実録』（明治四三年）一八五―一八六ページ。
（2）尾形裕康『西洋教育移入の方途』二二ページ。
（3）「工部省沿革報告」前掲書三四七ページ。
（4）拙著『明治前期政治史の研究』三〇一―三〇二ページ。
（5）前掲『世外井上公伝』第二巻四二〇―四二九ページ。
（6）大隈重信の用語、『大隈伯百話』三九―四〇ページ。
（7）吉野信次『おもかじとりかじ――裏から見た日本産業の歩み』（昭和三七年）二二四ページ。

おわりに

紙数がついに尽きたいま、ようやく問題の入り口にさしかかった感じがする。本書は、いわば「お雇い外国人」というものについて「述べた」だけであって、ついに「考える」ところまで行きつくことができなかった。

また、本書で取り上げなかった私傭外国人、すなわち個人雇いの外国人は、一八七四年（明治七）合計一二六名であったのが、一八九二年（明治二五）には五七二名に達し、官傭とは対照的な傾向もある。さらに宣教師の活動もあわせ考える必要もある。このようなわけで、機会があれば、続編を書きたいと思っている。

本書を書くに当たって、お雇い外国人の関係写真、資料文献を多く必要とし、多くの方々から貴重な写真・資料の御提供や御教示を賜わった。記念のために、その芳名を記して感謝の微意を表したい。（敬称略）

土屋喬雄、林正治、林邦宏、藤井貞文、小西四郎、渡辺勝、大山梓、海老原惇、寺崎昌男、ヘイゼル・ジョーンズ、藤野恒三郎、三橋時雄、武藤誠、太田武男、伝田功、作道洋太郎、山下薫子、宇田正、福井市立郷土歴史館、東奥義塾、国会図書館、内閣文庫、早稲田大学社会科学研究所、日本銀行、第一銀行、神戸アメリカ文化センター

なお公務の余暇をさいて校正はじめ写真の撮影などに当たって下さった北野耕平、米田雄介両君の御協力に心厚く御礼申上げたい。

学術文庫版あとがき

本書の原本は、私が研究生活を始めて最初に書いた読み物である。このたび四〇年ぶりに講談社学術文庫の一冊として再生させるにあたり、原著の生い立ちを記しておくことは、「お雇い外国人」というテーマについて読者各位のご理解をえるためにも必要なことのように思われる。

私は、戦中派の一人であるが、学徒出陣ではなく、一九四三年（昭和一八）九月、京都帝国大学文学部史学科国史専攻を二ヵ年半で卒業し、翌四四年二月に関東軍隷下輜重兵部隊の一現役兵として入隊、渡満した。四五年八月、対ソ戦を戦ったが、敗戦により武装解除を受け、終戦。丸三ヵ年余、シベリアで抑留生活を送り、戦中・戦後に異郷に没した戦友に申し訳ないという想いを抱きつつ、四八年（昭和二三）一二月に復員した。

一九五〇年（昭和二五）五月から京都大学人文科学研究所日本部助手の職につくことができ、坂田吉雄先生主宰の「日本の近代化研究」班に属した。同班で、私は、関東軍の崩壊を実体験し、ソ連軍の実態を見聞してきたことから、幕末から明治にかけての軍事面を分担させてもらうことになった。これが研究生活の出発点であった。陸・海軍について研究を始めてみて、オランダ海軍、フランス陸軍、イギリス海軍、ドイツ陸軍から、かなりの数の外国人が軍事面での教師として日本へ来ていることを知り、これはどうしても調べてみなければならないと考えた。それが「お雇い外国人」研究の端緒であった。

ちょうど、同じ五〇年には、戦後の日本にいわゆる「地域研究」を流行《はや》らせたミシガン大学日本研究センターの分室が岡山市にできて、そこと京大人文研日本部との交流が始まった。この分室の三代目所長がアーダス・W・バークス（Prof. Ardath W. Burks）というラトガーズ大学の政治学教授で、いたって気さくな人物であったので、教育史を研究していた同僚の本山幸彦氏とともによく教授宅を訪ねては夫人の歓待を受けた。教授は「お雇い外国人」に対する私の関心を知って、「自分が勤めている大学には、アメリカ人で初めて日本にわたった『お雇い外国人』第一号のグリフィス（William E. Griffis）のコレクションがあるから、機会があったら見に来ないか」と勧めてくださった。

日本に関するグリフィスの著作は数多いが、その一つ、『日本国民の進化』（The

Japanese Nation in Evolution,steps in the progress of a great people,New York,Thomas Y. Crowell & Co.,1907, pp.336-346.）を読むと、Yatoi または Oyatoi ということばを用いて、多方面にわたる来日外国人の仕事や役割に記述が及んでいるが、日本における近代史研究ではこれまでこれら外国人の歴史的役割にほとんど触れず、日本人は自前で近代化を果たしたかのように、外国人の業績を無視しているのははなはだ遺憾だ、といわんばかりの書きぶりである。たしかにこの点については日本側が十分反省すべきだと私も感じた。

一九五三年（昭和二八）三月、京大人文研から大阪大学へ移ってからも、七、八年のあいだは海外へ出る機会が訪れなかった。やがて六二年（昭和三七）一〇月、前記のごとく京大人文研と関係の深いミシガン大学日本研究センターのロジャー・ハケット教授（Prof. Roger F. Hackett）の招聘で同所へ出張することになった。当時ハケット教授は、山県有朋の研究論文を推敲中であり、私は軍人勅諭成立史との関連で西周《あまね》と山県有朋の関係を調べている最中だったが、ミシガン大学への出張は以前からご指導いただいていた高坂正顕先生がこのような両人の事情を知って周旋してくださった結果のようであった。

渡米後間もなく、私はハケット教授の好意ある配慮のもとに、イースト・コーストへの旅に出かけ、同年一一月下旬から一二月初旬にかけて、ニューブランズウィックのバークス教授宅と、プリンストン大学のジャンセン教授（Prof. Marius B. Jansen）を訪ねた。プリンストンに滞在中はキャンパスに近いピーコック・インを根城にして、長年待ち望んでいたラトガーズ大学のグリフィス文庫を両度にわたり、一週間ほど丹念に実見することができた。そこで受けた強い感動は本文に記したとおりで、彼の同時代史的研究によって貴重な情報が集められていることにも注目し、帰国後にはこのグリフィスの遺産を継承、発展させようと決意した。

このような想いがあったため、翌六三年（昭和三八）六月に帰国してからは、機会あるごとに、アメリカにおける日本近代史研究のあり方について語ったり、書いたりした。同年一二月に発行された「日本歴史」第一八七号（吉川弘文館発行）中の「ラッガース（ラトガーズ）大学のグリフィス文庫を訪ねて」と題した拙稿もその一つである。これが日本経済新聞社出版局の目にとまったとみえ、当時同社の出版局次長だった小出鐸男氏より、六四年七月に「お雇い外国人」を主題とする原稿の執筆依頼をいただいた。さきに述べたような心境にあった私は、若気の至りから臆面もなくこれを引き受け、「日経新書」の第二三巻として収録してもらうことになったのが、本文庫版の親本である。この小著が誕生するまでのあいだにご厚情をいただいた多くの方々の面影や折々の思い出を追想すると、実に感慨無量なるものがあり、この機会に改めて感謝のまことを捧げたい。

末筆ながら、今回小著の再生に直接ご尽力くださった講談社学術文庫出版部次長・相澤耕一氏ほかの各位に感謝申し上げる次第である。

二〇〇六年一一月二五日

梅溪　昇

KODANSHA

本書は、一九六五年に日本経済新聞社から刊行された同名の書を底本とし、訂正を加えたものです。

梅溪 昇（うめたに　のぼる）

1921年，兵庫県生まれ。京都大学文学部史学科卒業。大阪大学文学部教授を経て，現在同大学名誉教授。専攻は日本近代史。文学博士。主要な著書に『明治前期政治史の研究』『日本近代化の諸相』『緒方洪庵と適塾』『天皇制国家観の成立』『高杉晋作』などがある。2016年没。

講談社学術文庫

定価はカバーに表示してあります。

お雇《やと》い外国人《がいこくじん》

明治日本《めいじにほん》の脇役《わきやく》たち

梅溪《うめたに》　昇《のぼる》

2007年2月10日　第1刷発行
2021年10月22日　第7刷発行

発行者　鈴木章一
発行所　株式会社講談社
東京都文京区音羽 2-12-21 〒112-8001
電話　編集（03）5395-3512
販売（03）5395-4415
業務（03）5395-3615
装　幀　蟹江征治
印　刷　株式会社広済堂ネクスト
製　本　株式会社国宝社
本文データ制作　講談社デジタル製作

ISBN978-4-06-159807-2

「講談社学術文庫」の刊行に当たって

これは、学術をポケットに入れることをモットーとして生まれた文庫である。学術は少年の心を養い、成年の心を満たす。その学術がポケットにはいる形で、万人のものになることは、生涯教育をうたう現代の理想である。

こうした考え方は、学術を巨大な城のように見る世間の常識に反するかもしれない。また、一部の人たちからは、学術の権威をおとすものと非難されるかもしれない。しかし、それはいずれも学術の新しい在り方を解しないものといわざるをえない。

学術は、まず魔術への挑戦から始まった。やがて、いわゆる常識をつぎつぎに改めていった。学術の権威は、幾百年、幾千年にわたる、苦しい戦いの成果である。こうしてきずきあげられた城が、一見して近づきがたいものにうつるのは、そのためである。しかし、学術の権威を、その形の上だけで判断してはならない。その生成のあとをかえりみれば、その根は常に人々の生活の中にあった。学術が大きな力たりうるのはそのためであって、生活をはなれた学術は、どこにもない。

開かれた社会といわれる現代にとって、これはまったく自明である。生活と学術との間に、もし距離があるとすれば、何をおいてもこれを埋めねばならない。もしこの距離が形の上の迷信からきているとすれば、その迷信をうち破らねばならぬ。

学術文庫は、内外の迷信を打破し、学術のために新しい天地をひらく意図をもって生まれた。文庫という小さい形と、学術という壮大な城とが、完全に両立するためには、なおいくらかの時を必要とするであろう。しかし、学術をポケットにした社会が、人間の生活にとってより豊かな社会であることは、たしかである。そうした社会の実現のために、文庫の世界に新しいジャンルを加えることができれば幸いである。

一九七六年六月

野間省一

外国人の日本旅行記

ニコライ著／中村健之介訳
ニコライの見た幕末日本
幕末・維新時代、わが国で布教につとめたロシアの宣教師ニコライの日本人論。歴史・宗教・風習を深くさぐり、鋭く分析して、日本人の精神の特質を見事に浮き彫りにした刮目すべき書である。本邦初訳。

393

B・タウト著／森　儁郎《としお》訳（解説・持田季未子）
ニッポン
憧れの日本で、著者は伊勢神宮や桂離宮に清純な美の極致を発見して感動する。他方、日光陽明門の華美を拒みその後の日本文化の評価に大きな影響を与えた。世界的な建築家タウトの手になる最初の日本印象記。

1005

B・タウト著／森　儁郎《としお》訳（解説・佐渡谷重信）
日本文化私観
世界的建築家タウトが、鋭敏な芸術家的直観と秀徹した哲学的瞑想とにより、神道や絵画、彫刻や建築など日本の芸術と文化を考察し、真の日本文化の将来を説く。名著『ニッポン』に続くタウトの日本文化論。

1048

R・フォーチュン著／三宅　馨訳（解説・白幡洋三郎）
幕末日本探訪記　江戸と北京
世界的プラントハンターの幕末日本探訪記。英国生まれの著名な園芸学者が幕末の長崎、江戸、北京を訪問。珍しい植物や風俗を旺盛な好奇心で紹介し、桜田門外の変や生麦事件の見聞も詳細に記した貴重な書。

1308

H・シュリーマン著／石井和子訳
シュリーマン旅行記　清国・日本
シュリーマンが見た興味尽きない幕末日本。世界的に知られるトロイア遺跡の発掘に先立つ世界旅行の途中で、日本を訪れたシュリーマン。執拗なまでの探究心と旺盛な情熱で幕末日本を活写した貴重な見聞記。

1325

A・B・ミットフォード著／長岡祥三訳
英国外交官の見た幕末維新　リーズデイル卿回想録
激動の時代を見たイギリス人の貴重な回想録。アーネスト・サトウと共に江戸の寺で生活をしながら、数々の事件を体験したイギリス公使館員の記録。徳川幕府崩壊の過程を見すえ、様々な要人と交った冒険の物語。

1349

外国人の日本旅行記

ザビエルの見た日本
ピーター・ミルワード著／松本たま訳

ザビエルの目に映った素晴しき日本と日本人。一五四九年ザビエルは「知識に飢えた異教徒の国」へ勇躍上陸し精力的に布教活動を行った。果して日本人はキリスト教を受け入れるのか。書簡で読むザビエルの心境。

1354

ビゴーが見た日本人 諷刺画に描かれた明治
清水 勲著

在留フランス人画家が描く百年前の日本の姿。文明開化の嵐の中で、急激に変わりゆく社会を戸惑いつつもたくましく生きた明治の人々。愛着と諷刺をこめてビゴーが描いた百点の作品から〈日本人〉の本質を読む。

1499

シドモア日本紀行 明治の人力車ツアー
エリザ・R・シドモア著／外崎克久訳

女性紀行作家が描いた明治中期の日本の姿。ポトマック河畔の桜の植樹の立役者、シドモアは日本各地を人力車で駆け巡り、明治半ばの日本の世相と花を愛する日本人の優しい心を鋭い観察眼で見事に描き出す。

1537

バーナード・リーチ日本絵日記
バーナード・リーチ著／柳 宗悦訳／水尾比呂志補訳

イギリス人陶芸家の興趣溢れる心の旅日記。独自の美の世界を創造したリーチ。日本各地を巡り、また、濱田庄司・棟方志功らと交遊を重ね、自らの日本観や芸術観を盛り込み綴る日記。味のある素描を多数掲載。

1569

江戸幕末滞在記 若き海軍士官の見た日本
エドゥアルド・スエンソン著／長島要一訳

若い海軍士官の好奇心から覗き見た幕末日本。慶喜との謁見の模様や舞台裏も紹介、ロッシュ公使の近辺で貴重な体験をしたデンマーク人の見聞記。旺盛な好奇心、鋭い観察眼が王政復古前の日本を生き生きと描く。

1625

絵で見る幕末日本
A・アンベール著／茂森唯士訳

スイス商人が描く幕末の江戸や長崎の姿。鋭敏な観察力、才能豊かな筆の運び。日本各地、特に、幕末江戸の町を自分の足で歩き、床屋・魚屋・本屋等庶民の生活の様子を生き生きと描く。細密な挿画百四十点掲載。

1673